智能传播

技术与行业篇

2023年
第二辑

主　编◎李本乾
副主编◎李晓静　陈　梦

上海交通大学出版社
SHANGHAI JIAO TONG UNIVERSITY PRESS

内容提要

　　本书聚焦智能传播领域的技术与行业问题。人工智能技术不断发展，赋能产业领域不断进步，媒体行业又有诸多新动向与特点，本辑收录的文章，关注元宇宙的虚拟偶像、网络游戏出海、短视频、增强现实、空间媒介、线上团购等议题，从技术、产业、理论、用户等维度分析了人工智能如何赋能媒体产业，来自上海交通大学、中央民族大学、苏州大学等院校的共 10 组新闻传播领域的青年学者参与撰写。

　　本书可供新闻传播学及相关学科研究者参考、阅读。

图书在版编目(CIP)数据

　　智能传播. 技术与行业篇/李本乾主编;李晓静，

陈梦副主编. —上海:上海交通大学出版社,2023.12

　　ISBN 978 - 7 - 313 - 30138 - 3

　　Ⅰ.①智…　Ⅱ.①李…②李…③陈…　Ⅲ.①传播媒

介一研究　Ⅳ.①G206.2

　　中国国家版本馆 CIP 数据核字(2024)第 006255 号

智能传播(技术与行业篇)
ZHINENG CHUANBO（JISHU YU HANGYE PIAN）

主　　编	李本乾	副 主 编	李晓静　陈　梦	
出版发行	上海交通大学出版社	地　　址	上海市番禺路 951 号	
邮政编码	200030	电　　话	021 - 64071208	
印　　制	上海万卷印刷股份有限公司	经　　销	全国新华书店	
开　　本	787mm×1092mm　1/16	印　　张	7.5	
字　　数	159 千字			
版　　次	2023 年 12 月第 1 版	印　　次	2023 年 12 月第 1 次印刷	
书　　号	ISBN 978 - 7 - 313 - 30138 - 3			
定　　价	48.00 元			

编 委 会

主　任:李本乾

委　员(按照姓氏拼音首字母排序):

陈昌凤　陈　刚　陈　龙　程曼丽　董天策

高晓虹　葛　岩　胡正荣　胡智锋　蒋晓丽

李明德　廖圣清　刘　鹏　彭　兰　强月新

隋　岩　韦　路　余清楚　喻国明　张明新

张涛甫　钟智锦　周　勇　祝建华

编委会工作组

主　编:李本乾

副主编:李晓静　陈　梦

编　辑:禹卫华　吴　舫　李耘耕　甘雨梅　江　凌

　　　　邵　奇

卷　首　语

　　本书聚焦智能传播领域的技术与行业发展问题。智能媒体作为快速迭代的技术形态，吸引了各类投资涌入，在多个赛道形成了快速发展的局面，同时也对人类生存和发展形成了新冲击。本辑收录的论文围绕元宇宙时代的虚拟偶像、智能社会的职业风险、网络游戏出海、元宇宙时代的广告、算法抗拒等话题展开论述。本书可供新闻传播学及相关学科研究者参考。

　　刘强和代相勖合作的《"好看皮囊"与"有趣灵魂"何以整合——元宇宙时代虚拟偶像崇拜的生成路径探索》一文，基于偶像崇拜的表层与特质两类模式，从虚拟偶像追随者视角出发，旨在描绘粉丝的虚拟偶像崇拜过程。

　　王袁欣和刘德寰合作的《机器替代人：智能社会的职业风险前瞻》一文，利用全国性调查数据来考察个体对人工智能社会潜在职业风险的感知，探讨智能技术和机器应用究竟是会造成大面积的失业还是创造更多的就业岗位的问题。

　　张瀚月和刘畅合作的《游戏为媒：浅析以网络游戏为载体的中国文化出海现状及对策》一文，关注电子游戏，分析以电子游戏为载体的中国文化出海现状，探讨促进产业升级和增强中国文化软实力的可行道路。

　　刘琪的《用户体验视角下知识短视频影响力研究——以"樊登读书"抖音号为例》一文，依托技术接受模型与期望确认模型，对"樊登读书"抖音号及其传播内容与用户参与度进行实证分析。

　　皇甫晓涛的《媒介演进中的广告"透明化"运动——兼谈元宇宙环境中广告传播的伦理隐忧》一文，分析媒介技术的发展与两个"透明化"进程在广告传播实践中的逐渐统一，探讨技术高速发展下过度沉浸让用户陷入"沉浸黑洞"的问题。

　　吴林蓉、林泽峰和曹博林合作的《公开、沉浸、参与：基于增强现实的艾滋病防治创新策略探索》一文，探讨增强现实技术与艾滋病防治健康传播的适配性，探索当前增强现实在艾滋病防控领域的创新策略，为增强现实媒介在艾滋病防控领域的实践提供建设性参考意见。

　　樊玲和陈炜祺合作的《国际比较视域下我国数字出版业高质量发展路径探析》，基于国际比较的视角，探讨我国数字出版产业发展中存在的主要问题，提出了促进我国数字出版产业高质量发展的主要路径。

　　秦建始的《用户正在关闭算法推荐吗——抖音短视频青年用户的算法解码研究》一文，以抖音短视频的青年用户为例，结合斯图亚特·霍尔的"编码—解码"理论框架，采取深度访谈法探究用户在多大程度上以及如何感知到由推荐算法技术带来的影响,以及面对短视频推荐算法技术的态度及行为。

夏怡迪的《城市咖啡馆:空间媒介的信息流动与文化生产——以星巴克咖啡为例》一文,以城市咖啡馆作为研究对象,选取星巴克咖啡作为研究案例,使用田野调查的方式探究空间媒介的信息流动与文化生产。

周睿琳和辛馨合作的《互助型线上团购行为对于弱联系人群社会交往的影响》一文,以"弱联系"理论为基础,研究互助型线上团购行为对于弱联系人群社会交往的影响。

我们希望借助本书的出版,讨论新问题,关注新现象,启发新思考。期盼与各位读者一道,解读智能传播技术的发展及其社会意义,共同思考并创造新背景下新闻传播学及社会科学研究的美好未来。

目　录

"好看皮囊"与"有趣灵魂"何以整合

　　——元宇宙时代虚拟偶像崇拜的生成路径探索 ·········· 刘　强　代相勋(001)

机器替代人:智能社会的职业风险前瞻 ················ 王袁欣　刘德寰(015)

游戏为媒:浅析以网络游戏为载体的中国文化出海现状及对策 ······ 张瀚月　刘　畅(025)

用户体验视角下知识短视频影响力研究

　　——以"樊登读书"抖音号为例 ···················· 刘　琪(032)

媒介演进中的广告"透明化"运动

　　——兼谈元宇宙环境中广告传播的伦理隐忧 ············ 皇甫晓涛(039)

公开、沉浸、参与:基于增强现实的艾滋病防治创新

　　策略探索 ···················· 吴林蓉　林泽峰　曹博林(049)

国际比较视域下我国数字出版业高质量发展路径探析 ············ 樊　玲　陈炜祺(058)

用户正在关闭算法推荐吗

　　——抖音短视频青年用户的算法解码研究 ·············· 秦建茹(070)

城市咖啡馆:空间媒介的信息流动与文化生产

　　——以星巴克咖啡为例 ······················ 夏怡迪(082)

互助型线上团购行为对于弱联系人群社会交往的影响 ············· 周睿琳　辛　馨(094)

"好看皮囊"与"有趣灵魂"何以整合

——元宇宙时代虚拟偶像崇拜的生成路径探索①

刘　强②　代相勋③

【摘　要】　作为元宇宙时代的新热点,虚拟偶像正捕获年轻群体的注意力。因此,厘清追随者的崇拜机制对虚拟偶像的发展有重要意义。本文基于偶像崇拜的表层与特质两类模式,从虚拟偶像追随者视角出发,旨在描绘粉丝的崇拜过程。通过访谈和网络民族志的方法,选择虚拟偶像团体 A-SOUL 及其追随者作为研究对象,对 11 名粉丝进行访谈,并对百度贴吧、豆瓣魂组等粉丝论坛进行 9 个月的潜伏式观察,收集到 78 篇主题帖与 1178 条相关评论。在资料分析阶段,结合扎根理论对粉丝访谈资料进行编码整理,梳理出了粉丝对虚拟偶像的崇拜路径。研究发现,伴随追随者与虚拟偶像的互动,粉丝对虚拟偶像的情感态度经过初期关注、中期情感互动、后期关系维系三个阶段的变化,在欣赏虚拟形象的基础上,逐渐认同虚拟偶像内在的人格魅力,最终对虚拟偶像的表层形象与人格特质形成递进性和绑定性的身份解读,生成虚拟形象与内在人格不可分割的情感诉求,由此转化为对虚拟偶像"皮"与"魂"整合的崇拜模式。

【关键词】　虚拟偶像;偶像崇拜;粉丝情感;崇拜模式

元宇宙时代,形色各异的虚拟偶像进入大众视野,关于虚拟偶像的讨论层出不穷。2021 年由中国虚拟人带动的产业市场规模和核心市场规模,分别为 1 074.9 亿元人民币和 62.2 亿元人民币。随着泛娱乐生态的繁荣发展,虚拟人物形象将会在音乐平台、游戏、直播等更多线上场景中应用。2021 年中国直播人才缺口为 800 万人,预计 2025 年直播人才缺口为 1 941.5 万人[1]。在此背景下,虚拟主播和数字员工正在扮演越来越重要的角色。不同于现实偶像的运行机制,本文所聚焦的虚拟偶像具备更强的技术控制性[2],通常以虚拟二次元形象出现在大众视野,幕后由真人依托动作捕捉(简称动捕)技术以直播形式与受众进行交流互动。伴随着情感的推进,虚拟偶像崇拜与现实偶像崇拜也有差异:崇拜者面对现实偶像,会基于偶像外形和人格特质分化形成表层崇拜和特质崇拜两种模式。虚拟偶像

---

①　本文系国家社会科学基金一般项目"'一带一路'背景下中国出版走出去的供需错配与平台协同机制研究"(19BXW02)的阶段性成果。

②　上海理工大学出版印刷与艺术设计学院教授,硕士生导师。

③　上海理工大学出版印刷与艺术设计学院新闻传播学专业硕士研究生。

是由中之人[3](网络流行语,指操纵虚拟主播进行直播的人)和虚拟形象两部分拼接而成的"组合体",面对存在于虚拟空间的偶像,受众是如何感知虚拟偶像,对其角色形象和内在特质进行建构,并建立起偶像崇拜的呢?带着这些疑问,本文对虚拟偶像崇拜的模式和形成过程进行描绘探究。考虑到此类虚拟偶像在内容生产运营模式下中之人和虚拟形象组合运营的特殊性,探究虚拟偶像崇拜的路径,可以在以往虚拟偶像研究的基础上丰富偶像崇拜的视角,剖析其模式与过程,对虚拟主播类的虚拟偶像运作,特别是与粉丝受众之间的关系维护提供创新思考。

一、文献回顾

本文聚焦于虚拟偶像粉丝群体的偶像崇拜模式,旨在从受众的角度描绘虚拟偶像崇拜过程,从偶像崇拜模式和虚拟偶像相关研究两个方面进行回溯,基于文献评述提出研究问题。

1. 偶像崇拜及崇拜模式

心理学认为,偶像崇拜是个人对其喜好人物的社会认同和情感依恋,崇拜具有情感倾向性。埃里克·弗洛姆(Erich Fromm)认为偶像崇拜是一种对幻想中杰出人物的依恋,这种幻想常被过分强化或理想化。埃里克·埃里克松(Erik H. Erikson)将偶像崇拜理解为个体将儿童时期对父母的养育式依恋转移到青少年时期对异性的浪漫式依恋。国外研究者对偶像崇拜动机进行研究,依照弗洛伊德(Sigmund Freud)的精神分析理论,青少年时期的偶像崇拜源自个体的精神分割需求,青少年需要认同特定的偶像来强化自我的力量[4]。在关于偶像崇拜模式的相关研究中,岳晓东等学者提出偶像崇拜的两种模式:一是基于偶像外形的表层崇拜,二是基于偶像人格特质的特质崇拜。前者将偶像理想化、浪漫化和绝对化,突出欣赏其外在形象魅力,而后者则将偶像相对化、理性化和平凡化,突出欣赏其人格特质,采取何种模式将直接影响青少年的偶像认同与依恋程度[5]。

2. 虚拟偶像及其崇拜模式

虚拟偶像从诞生至今已有30余年,其间每一次的发展都伴随着技术发展和偶像运营模式的创新[6]。喻国明等研究者以虚拟偶像发展背后的驱动力作为分类标准,可将其分为内容驱动型虚拟偶像、技术驱动型偶像和产业驱动型偶像三大类[7]。本文研究的虚拟偶像是产业驱动中以直播行业驱动的虚拟偶像,这类虚拟偶像是使用动作捕捉技术和实时演算技术,由"中之人"(真人)扮演,实际上是真人以虚拟形象进行网络直播。在直播过程中,粉丝进入直播间观看虚拟偶像相关内容,契合兰德尔·柯林斯(Randall Collins)提出的互动仪式链的四个要素:两个以上的人聚集在同一场所、对局外人设置界限、将注意力集中在共同的对象或活动上、分享共同的情绪体验,并从中汲取情感能量[8]。虚拟偶像付出情感劳动,与粉丝受众进行拟社会互动[9],达成情感缔结。此外,虚拟偶像通过技术和职业设定的驯化下逐渐成为粉丝个人意愿的承载者和理想自我的表现者[10]。同时,粉丝受众与虚拟偶像之间的互动契合荣格人格理论(Jung's personality theory),二次元虚拟形象作为双方沟通的中介,可以撕掉日常生活中隐藏自身情感的社交面具,在虚拟空间语境下,展现出来的情感更为真实,双方互动也会有更为强烈的亲切感和陪伴感。

在崇拜模式上,面对由虚拟形象与真实人类组合运作的虚拟偶像,追随者的偶像崇拜也符合表层崇拜和特质崇拜的特征,但与现实偶像崇拜的差异在于:现实偶像是一个同一体,外表和性格都融合在真人身上,对现实偶像表层或特质的崇拜模式是崇拜者对现实偶像的皮与质主动分离的结果,即崇拜者自发选择崇拜偶像的外形或是特质;而虚拟偶像本身由于其特殊的内容生产和运作模式,本身是"中之人"和"虚拟形象"的结合体,这意味着受众在接触虚拟偶像时,会受到运营模式的影响,在开始接触这类虚拟偶像时,不可避免地被动分离虚拟偶像的"皮"与"魂"①。为此,有学者从偶像角色和受众情感角度分析受众的认同感,注意到受众对虚拟偶像角色与身体之间混同的情感现实主义[11],包括源于电子游戏的虚拟偶像在粉丝的期待视界中构成游戏角色、虚拟偶像及幕后艺人不可分割的"三位一体",任何松动、断裂与变换都可能会造成审美体验的突变,造成受众的抵制与粉丝的流失[12]。面对由技术和真人共同塑造的虚拟生命,前人研究主要从受众情感角度进行探讨,分析虚拟偶像的角色身份和人格设定,以及在虚拟偶像养成与粉丝文化实践过程中的文化价值[13],其中来自受众第一视角的证明还有待补充,启发研究者有必要从受众角度探讨追随者对此类偶像的情感投射与崇拜构建过程。

基于上述研究认知,本文根据前人总结的表层与特质崇拜模式,以受众角度的偶像崇拜模式为出发点,对其虚拟偶像崇拜模式进行探索分析。旨在解决以下两个研究问题:①粉丝对虚拟偶像的崇拜是一个什么样的过程? ②粉丝是如何构建出对虚拟偶像的崇拜的?

二、研究方法与设计

鉴于本文是对虚拟偶像崇拜过程构建的探索性研究,且聚焦于描绘受众的偶像崇拜模式,研究者选取国内的虚拟偶像团体 A - SOUL 及其粉丝作为研究对象,从受众角度了解虚拟偶像粉丝的偶像崇拜过程。在本文中,运用半结构化访谈和网络民族志的方法收集资料,并利用扎根理论进行资料分析与编码。

1. 研究方法

首先,本文采用半结构化访谈的方式,在正式访谈之前,拟定了访谈提纲与访谈对象,采用一问一答的方式来获取粉丝对虚拟偶像 A - SOUL 的情感态度和崇拜过程。在访谈过程中采用灵活宽松的访谈结构,保留访谈者的原始想法,获得粉丝们本土化的表达方式,对虚拟偶像崇拜不同阶段的情感进行逐步提问与交流。

此外,研究过程中运用网络民族志的方法,主要是进行潜伏观察,以客观中立的态度沉浸于粉丝的本土化论坛空间,以文本的形式收集主题帖资料,特别是虚拟偶像粉丝的情感

---

① 在本文研究中,"皮"与"魂"来自虚拟偶像粉丝论坛本土化语言,其中"皮"是指虚拟偶像的外部形象,"魂"即虚拟偶像中之人的人格特质。

态度表达,比如粉丝发布在论坛中的心路历程、对于 A - SOUL 的情感抒发等文本内容。最后使用扎根理论的方法,对获取到的原始文本进行编码分析,通过比较整理,梳理出粉丝崇拜过程中不同阶段的情感态度,并进行多次论证以提升理论饱和度,最终提炼出完整的理论框架。

2. 研究对象

A - SOUL 是乐华娱乐和字节跳动联合打造的虚拟偶像女团,本质上采用虚拟主播(VTuber)的形式与外界进行互动,但在内容创作上接近偶像运作模式,即在五位虚拟偶像的角色背后,是由五位真实的人辅以动捕技术[14],以二次元虚拟形象通过线上直播产出歌舞表演、小剧场、杂谈与游戏等内容与观众进行互动,这些角色后的人被称为"中之人"。该团体共有向晚、贝拉、珈乐①、嘉然、乃琳 5 名成员,于 2021 年 12 月出道,成员们在制作方所架构的"枝江"世界生活,主要在 B 站、抖音平台发布内容。成员嘉然(B 站账号"嘉然吃什么")最早在 B 站进行直播,目前该平台已经拥有上百万的粉丝,并以第一位偶像虚拟团队成员身份入选 2021 年 B 站百大 up 主,圈住大量泛二次元流量。成员珈乐也曾成功刷新 B站历史,以 12 000 舰长②的成绩登顶主播区。A - SOUL 发展至今全网粉丝已超 2 000 万,在国内的虚拟偶像行列中有着庞大的粉丝数量,知名度较高,也是当下具有代表性的虚拟偶像团体,由此本文选择该虚拟偶像团体及其粉丝作为研究对象。

3. 研究过程

研究包括半结构化访谈和潜伏式观察两部分。在访谈部分,研究者采用目的性抽样的方式在豆瓣魂组等平台搜集论坛粉丝公开发布的关于自身虚拟偶像崇拜的言论,综合分析后编制访谈提纲,邀请发帖粉丝参与线上或线下访谈。根据 A - SOUL 官方在 2017 年公开发布的粉丝调查数据显示,该虚拟偶像团体 18~23 岁的粉丝群体占比为 70.95%,男性粉丝占比 90%以上[15]。

在正式访谈开始之前,根据事先设计的提纲对两位粉丝进行了半结构化访谈,并对具有实质意义的情境和问题进行了适时追问,进而对访谈提纲进行调整,最终进入正式访谈提纲的问题如表 1 所示。

表 1　受访者 1 基本信息及现场使用的访谈问题

受访者编码	性别	年龄	关注偶像时长
20220310BIL3	男	20	14 个月
访谈问题	对虚拟偶像的态度认知	1. 当时一开始接触 A - SOUL,看到她们的内容是一种什么样的感觉?怎么会对她们产生兴趣的呢? 2. 会觉得 A - SOUL 有什么不一样的吗?	

---

① 2022 年 5 月 10 日,A - SOUL 官方发布声明珈乐进入"直播休眠"。参见 A - SOUL_Official:2022 年 5 月 10 日,https://b23.tv/Iw0Cft9.2022 年 7 月 28 日。

② B 站的舰长类似于一种某位主播的付费 VIP,主播拥有的舰长数量越多,也证明其实力强、支持者多、有排面。

（续表）

		3. 你认为她们哪些地方最吸引或打动你？
	与虚拟偶像的情感互动经历	4. 在你对她们比较"入脑"的那段时间,有哪些事情让你印象深刻呢？
		5. 在看A-SOUL的过程中有没有感受到过情感共鸣？具体可以举例说一下。
访谈问题		6. 你对A-SOUL是一种什么样的感情呢？她们会给你什么样的力量吗？
	长期关注虚拟偶像的体会	7. 了解时间长了,就现在这个阶段来说,现在看A-SOUL是一种什么样的心态呢？
		8. 你是怎么理解虚拟偶像和粉丝之间的关系呢？比如说A-SOUL和AU①之间的关系。
		9. 你在看A-SOUL的时候是怎么理解她们的"皮"和"魂"呢？又是怎么看待"皮魂一体"这种说法呢？

　　在本次访谈中,研究者一共与11位年龄在18～23岁的受访者进行沟通(见表2),在征得参与者同意的情况下,对访谈过程进行录音,对访谈资料进行整理后,最终运用扎根理论对访谈文本进行资料分析与编码。

表2　受访者概况

序号	姓名	性别	年龄	学历程度	关注偶像时长
1	20220327ANN3	男	20岁	大三在读	10个月
2	20220310BIL3	男	20岁	大二在读	14个月
3	20220418YUL2	男	21岁	大一在读	13个月
4	20220415SAY2	男	23岁	本科毕业	18个月
5	20220415BK01	女	19岁	大一在读	17个月
6	20220413NAI1	男	22岁	大四毕业	8个月
7	20220518WGZ1	男	21岁	专科毕业	8个月
8	20220519LIU1	男	22岁	本科在读	10个月
9	20220518CHU1	男	20岁	大二在读	9个月
10	20220522CAE1	男	23岁	研一在读	12个月
11	20220522MAO1	男	18岁	大一在读	3个月

---

① AU:是指虚拟偶像A-SOUL团体的粉丝。

除了对粉丝进行访谈之外,本文同时对网上论坛进行潜伏式观察,采用目的化抽样的方式针对该团体形成的两大粉丝论坛——百度贴吧"asoul 吧"(共有 159 016 关注者)和"豆瓣魂组"(共有 19 633 名小组成员)展开虚拟偶像粉丝情感态度的话题追踪。研究者在 2021 年 11 月至 2022 年 7 月跟踪该讨论小组并定期记录信息,在潜伏观察过程中,发现粉丝论坛中的本土化语言将虚拟偶像的外表形象称为"皮",展现虚拟偶像性格、情感等人格化特征的幕后中之人则被称为"魂"。同时研究者注意到粉丝评论中对虚拟偶像的外表形象和人格特质会随着接触的深入有偏向外形或者偏向特质的情感倾向,并存在将代表外表形象的"皮"与内在特质的"魂"合为一体的情况。为了精准描绘粉丝对虚拟偶像外表与特质的情感变化过程,本文选择以"皮魂""皮魂一体"为关键词进行搜索,收集相关主题帖文本,共获取 78 篇相关主题帖下的 1 178 条评论。将采集获取的数据进行内容分析,主要是对粉丝的态度偏好进行类属分析,该数据集将用于发掘粉丝对于虚拟偶像皮与魂的情感态度,总结出虚拟偶像粉丝的崇拜特点。

通过两个阶段的资料收集,能更直接完整地了解追随者与虚拟偶像互动过程中产生的情感态度,梳理虚拟偶像粉丝群体的偶像崇拜心理,在此基础上描绘粉丝的偶像崇拜过程。表 3 总结了研究过程与资料收集情况。

表 3　研究过程与资料收集概况

调查方法	研究对象	对象类型	时间范围	资料收集情况	调查目的
半结构化访谈	虚拟偶像 A-SOUL 粉丝	受众视角的崇拜历程	2022 年 1—4 月	11 位受访者参与	获取粉丝的崇拜过程资料,描绘不同阶段粉丝的情感态度变化
网络民族志	豆瓣魂组百度贴吧 A-SOUL 吧	虚拟偶像粉丝论坛的文本	2021 年 11 月—2022 年 7 月	"皮魂"相关主题帖 78 篇	了解粉丝对虚拟偶像的认知态度,完善虚拟偶像粉丝的崇拜特征

三、资料编码与分析

本文借鉴扎根理论进行资料分析与编码,首先梳理观众在接触虚拟偶像过程中形成的异于现实偶像的"皮魂一体"[①]的崇拜模式,接着探究虚拟偶像崇拜模式的建构路径,通过对崇拜过程中不同阶段的情感态度进行整理,并结合网络民族志获取的信息,建构起粉丝对虚拟偶像的崇拜路径模型。

1. 原始资料编码

1) 开放式编码

扎根理论主要依赖三级编码系统,即开放式编码、主轴编码、选择性编码。开放式编码

---

① 在本文中是指粉丝将虚拟偶像代表的虚拟形象与中之人视为不可分割的统一体的情感倾向。

为一级编码,对访谈资料回顾并找到反复出现的词语、主题或概念,将访谈资料打散、赋予概念,并重新组合起来[16](见表4)。根据上述思路,手动对文档进行逐字逐句分析,将意思相同和相近的概念进行合并,在对各阶段所获文本进行开放式编码后,共提炼出71个初始概念,归纳形成41个范畴。

表4　开放式编码示例

原始文本	概念化	范畴化
…… 然后她给我的感觉就是在一个方面跌倒了可以在另一个方面再站起来,这种不服输的精神……(B) 她们真的是很努力地做着偶像的本职工作,就算被车①了那么多次她们也从来不在直播里表现自己的负面情绪……(Y) ……字节的3D动捕技术绝对是非常强的,这个团队里每个成员都有各自的优点,像贝拉,她的舞力就非常强,此外珈乐很会唱歌,乃琳很会控场、杂谈之类的,还有两个小的很会活跃气氛(B)……	…… 不服输精神 积极向上 敬业态度 动捕技术强 偶像实力 ……	…… 中之人精神特质 技术实力 中之人业务素质 ……
…… 看A-SOUL实现目标就好像自己实现目标,有一种感觉,就是自己参与了这个过程,所以会带来满足感……(S) 一周四或五天的直播,长久的陪伴……(O)	…… 粉丝目标代入 参与偶像成长过程 满足感 陪伴感 ……	…… 虚拟与现实交互 精神寄托 参与感 陪伴感 ……
……	……	……

2）主轴编码

第二级编码是主轴编码,借用演绎和归纳,分析出编码之间的类属关系。通过整理41个范畴,重新组合观众接触虚拟偶像过程中的态度认知和情感变化,依照编码中的时间线与故事线逻辑对开放式编码进行梳理归纳,根据粉丝对虚拟偶像的认知态度和互动程度的差异,将粉丝的崇拜过程划分为三个阶段,共归纳出12个范畴。

表5　主轴编码结果

崇拜前期		崇拜中期		崇拜后期	
主范畴	范畴	主范畴	范畴	主范畴	范畴
接触情境	现实压力 算法推荐 朋友推荐 热梗引流	情感互动	中之人对角色情感投射 中之人对粉丝情感投射 粉丝对虚拟偶像情感投射	双方关系	双向奔赴 双方地位平等 情感回归自我

---

① 车:指代VTuber中的独轮车,是指观众使用带有恶意的弹幕将直播间轰炸至强行关闭的行为。

（续表）

崇拜前期		崇拜中期		崇拜后期	
主范畴	范畴	主范畴	范畴	主范畴	范畴
外在欣赏力 （吸引要素）	形象外观 内容形式 偶像实力 技术支撑	中之人特质 （关注要素）	中之人素质 偶像真情实感 中之人真实经历 中之人正能量 中之人隐私保护	偶像解读	五个普通女孩 朋友身份 生活调味剂 欣赏与认同
		情感共鸣	内容共鸣 情绪共鸣 现实目标共鸣	关系维系	粉丝氛围 理性反馈 发帖讨论 二次创作
情感态度	引发兴趣 关注内容 形式 表层欣赏	认知态度	距离感减小 真实感增强 基于特质的心理认同	情绪价值	抚慰感 陪伴感
		情绪价值	养成感 参与感 见证感		

3）选择性编码

数据分析的最后阶段为选择性编码，选择性编码是依据核心范畴间的内在逻辑关系构建理论或模型的过程。这一阶段的主要工作是通过整合与凝练，在所有命名的概念类属中，觉察"核心类属"，使分析不断集中到那些与该核心类属有关的节点上。经过归纳、分析和反复比对，最终归纳出"认知态度""情感互动""情绪价值"三个"核心类属"。

2. 由分离走向整合的粉丝崇拜路径

根据主轴编码中粉丝对虚拟偶像认知态度以及两者之间的互动程度可以将粉丝对虚拟偶像的崇拜划分为以下三个阶段。

1）崇拜前期

对访谈数据进行主轴编码分析后，将崇拜初期编码进行情境化梳理（见图1）。在崇拜初期，主要是观众对虚拟偶像信息的初步接触，通过在外界信息环境中接触虚拟偶像的相关内容，逐步引发对虚拟偶像的欣赏和关注。部分受访者表示自己是在现实生活遭受压力的情况下接触到虚拟偶像，"我不接纳自己，不接受现实……做什么事都是一旦短期内看不到成效，就立马放弃，干啥啥不成。就在这个时候，遇到了 A－SOUL。"（20220327ANN3）还有部分观众本身有着二次元文化背景，对虚拟主播有过相关了解，在信息接触平台受到算法推荐的影响，接触虚拟偶像 A－SOUL 的相关内容；此外，也有人表示自己并没有二次元文化背景和追星经历，是被 A－SOUL 相关表情包、流行热梗、表演内容等因素吸引。在接触虚拟偶像后，观众会对偶像的相关内容进行搜索与讨论，在这一崇拜阶段，观众主要受到虚拟偶像的形象外观、高端3D动捕技术以及展现出的偶像实力等外部因素对虚拟偶像表示欣赏与认可,在情感态度上多表现为关注外在形式和偏向感官体验的表层欣赏。"他们是有 3D 的这种的动捕技术优势的。"(20220518WGZ1)"一开始还是因为那些比较表面的东西吧,就是觉得啊很可爱这样子。"(20220418YUL2)

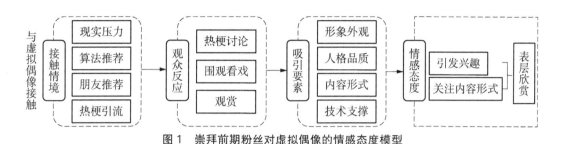

图 1　崇拜前期粉丝对虚拟偶像的情感态度模型

2) 崇拜中期

通过前期所接收到的相关信息,观众与虚拟偶像建立起偶像崇拜的关系,并根据虚拟偶像的直播运营模式,与偶像进行高频率互动,比如线上的弹幕、评论,以及参与官方组织的线下活动等。值得注意的是,这一阶段粉丝与虚拟偶像之间的情感互动最为深入,粉丝常用"入脑"来表示对虚拟偶像有着强烈的认同感。基于虚拟偶像本身是由虚拟角色形象和中之人组合而成,虚拟偶像与观众进行直播互动时,是由中之人对角色进行演绎并与观众进行互动。在这样的情况下,中之人需要把自身情感投射到角色的同时,也对观众进行情感投射,从而让观众体验到沉浸感以及来源于虚拟偶像的真情实感(见图 2)。

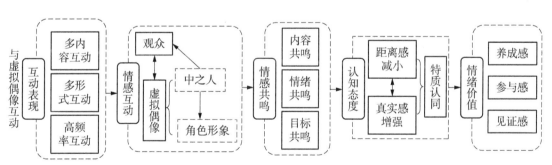

图 2　崇拜中期粉丝对虚拟偶像的情感态度模型

粉丝根据偶像的经历,联想到自身现实生活中的情绪和目标,对虚拟偶像进行情感投射,构建起关于虚拟世界的想象,与屏幕中的偶像产生情感共鸣。"我一直认为,在虚拟的、遥不可及的世界里,有一个枝江,那里生活着五个可爱姑娘,我对那个名叫枝江的地方充满疯狂的向往。"(20220327ANN3)"我有一些想逃避现实,把自己的失意寄托到她们身上。希望她们能够成功。"(20220522MAO1)在这一过程中,中之人的个人特质有更为明显的表露,中之人自身性格甚至会打破虚拟偶像原先的人物设定。中之人在直播时与观众分享个人经历和情绪,会进一步拉近双方之间的距离,让观众感到虚拟偶像的真实与亲切(见

图3)。"嘉然读这篇小作文的时候感动得哭了,有的人说是RP①,我觉得是非常真情实感,把我扔到这个环境我看到我也会哭。"(20220310BIL3)

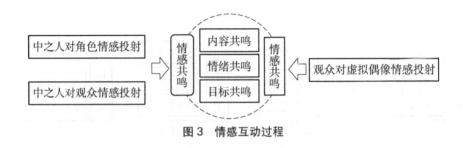

图3 情感互动过程

在高频率的内容接触和互动下,粉丝对中之人的认识有所加深,特别是中之人的性格、经历与精神气质受到粉丝的高度认可,并联系自身生活获取精神激励。"看到她们这么努力之后感觉自己各方面也得努力,不然感觉有种莫名的愧疚。比如在学习方面更努力啊,空闲时间学点音乐学点绘画去创作一些东西啊,或者说自己去锻炼身体啊之类的。"(20220418YUL2)在虚拟偶像直播过程中,中之人不仅需要对人物设定有所演绎,也需要与观众进行真切交流,这就使中之人向角色与观众两方面进行情感投射,本质上属于中之人借助技术平台提供的场域,通过在直播中的人设和表演转化为粉丝所需的情感价值,并满足受众的心理和情感以及娱乐等需要[17-18]。追随者在现实和虚拟世界的交互中获得参与感、见证感等情绪价值,这一阶段粉丝在表层性欣赏的基础上加深了基于中之人人格品质的特质崇拜。

3) 崇拜后期

粉丝在与虚拟偶像有较长时间的情感互动后,进入崇拜后期。在此阶段粉丝与偶像的互动强度有所减弱,主要是维系上一阶段双方所构建的关系。在这一时期,粉丝与偶像在情感互动的基础上,距离感明显减小。粉丝会采取理性消费,反对粉丝社群形成封闭化小团体、向官方运营提出理性反馈意见等行为以维护双方关系,其中"二次创作"作为粉丝们在偶像崇拜中的一种参与式文化[19],既发挥虚拟形象便于传播加工的技术特性,也可以促进双方关系的平等化,即在二次创作过程中,粉丝将脱胎于偶像的相关内容进行解构重组,融合个人情感与理解进行自我抒发,在这个意义上突破了传统偶像与粉丝间的权力关系,粉丝通过二次创作的内容表达将自我价值观投射到虚拟形象上,借助创作表达形成自我认同[20],也将情感中心回归到自我现实生活。与此同时,观众完成对虚拟偶像的人格化认知,对于虚拟偶像的身份做出进一步解读:虚拟偶像对于观众的生活而言,"更像是生活中的调味剂而不是必需品""五位成员就是五个普通的女孩子""彼此之间像是同学和朋友",此时观众获取虚拟偶像带来的陪伴感和抚慰感,并通过关系的长期维系,在持续互动接触下,粉丝已经接受偶像形象和中之人性格的密切配合,代表虚拟形象的"皮"和中之人所展现出

---

① RP:Role Play,指虚拟偶像的中之人是对该虚拟角色进行表演。

的"魂"已经在观众认知中完成绑定,"皮魂一体"的认知态度由此实现。从崇拜模式上看,粉丝前期的表层欣赏和特质认可也走向统一,形成表层与特质密不可分的崇拜模式(见图4)。

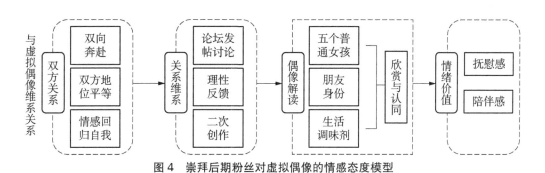

图4 崇拜后期粉丝对虚拟偶像的情感态度模型

3. 虚拟偶像追随者的崇拜特征

根据网络民族志获得的粉丝评论,主要围绕粉丝对虚拟偶像"皮""魂"以及"皮魂一体"认知态度展开文本的类属分析,根据原始文本评论资料,虚拟偶像的崇拜模式主要有以下两大特点。

1)递进性

递进性主要表现为粉丝在整个崇拜过程中的情感偏向。粉丝在接触虚拟偶像之初,更容易接收虚拟偶像的外观形象、表演形式、技术特色等表层内容,由此产生的感官欣赏意味着粉丝进入表层崇拜阶段。在崇拜中期阶段,伴随着粉丝与虚拟偶像双方互动加深,特别是中之人作为虚拟偶像关键的一部分,本身情感和个性更容易打动粉丝,粉丝的情感偏好由表层欣赏过渡到对虚拟偶像人格特质的认可,在崇拜模式上也逐渐以中之人的人格特质为主导。这并不意味着崇拜模式发生彻底的转移,而是以递进的方式,在原先表层的浪漫性崇拜的基础上,再进一步添加对虚拟偶像人格特质的理性认可。随着双方关系的稳固,在偶像崇拜的三个阶段,依次递进,形成所谓"皮魂一体"的崇拜模式。

2)绑定性

虚拟偶像崇拜模式的绑定性特征主要表现在崇拜后期,粉丝在长时间与偶像互动接触下,虚拟偶像的形象和背后对应的中之人在粉丝认知中不可分割或更换。粉丝本土语言中的"皮魂一体"不仅是表层崇拜和特质崇拜的合一,同时也是虚拟形象和中之人的合一:由于虚拟偶像本身就是人与虚拟形象的复合物,融合了中之人的声音、真情实感和虚拟形象三位一体的视觉内容,伴随双方情感的长期互动,观众将虚拟形象和中之人紧密联系在一起,更换中之人对粉丝来说是无法接受的。"如果皮下换了一个人的话,就算还是那个皮,也不是我喜欢的了"(20220415BK01),这也构成了虚拟偶像崇拜后期阶段的绑定性特征。

四、研究结果与启示

1. 研究结果

本文基于扎根理论对访谈资料进行编码分析,同时结合网络民族志对虚拟偶像的崇拜路径进行探索式构建,主要有以下两方面的发现:一是根据虚拟偶像和现实偶像的差异,在运行机制上,虚拟偶像以二次元动漫化的外观形象进行内容表演并与观众进行互动,幕后的中之人作为动作语言和情感的发出者与观众实现情感交互。观众对虚拟偶像的崇拜经过不同阶段的发展,最终形成表层崇拜和特质崇拜兼具的崇拜模式。这回答了本文的第一个问题,即虚拟偶像崇拜是一个什么样的崇拜模式。二是研究通过对观众的整个崇拜过程进行梳理,描绘粉丝在崇拜前中后三个时期的认知与情感态度,归纳出虚拟偶像崇拜的递进性与绑定性特征,回答了本文的第二个问题,即虚拟偶像崇拜模式路径是如何构建的。

本文围绕扎根理论选择性编码所提炼出的三个核心类属,结合粉丝的崇拜过程中的三个阶段构建出粉丝的虚拟偶像崇拜理论框架(见图5),其基本逻辑是:粉丝通过与虚拟偶像的初步接触,欣赏其外在虚拟形象,先形成表层欣赏态度;双方在虚拟形式的直播互动中,距离有所拉近,粉丝与虚拟偶像展开多元的情感交流。立足于虚拟偶像本身的运行机制,以中之人为主导的虚拟偶像可展现真人的性情和品质,能够在保持外形可操控的同时具备一定的灵活性,中之人展现出的真情实感让观众在虚拟形式下更沉浸于情感互动,并形成双方之间的平等交流,这个阶段粉丝开始更多地关注虚拟偶像的背后中之人的人格特质,在原有的表层崇拜基础上增加特质性崇拜。伴随双方情感互动层次的加深,粉丝对虚拟偶像产生人格化的认知,与虚拟偶像之间达成情感共鸣与价值认同。

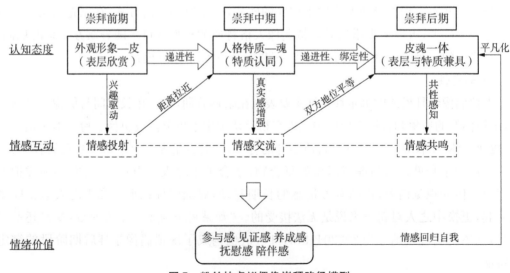

图5　粉丝的虚拟偶像崇拜路径模型

粉丝对虚拟偶像的内容进行重新编码,在体验参与式创作的同时从虚拟与现实的情感互动中获取参与感、激励感、陪伴感等情感价值。在双方关系中,粉丝将情感回归到自我生活中,虚拟偶像在粉丝认知中成为平凡化的生命个体。由此,追随者对虚拟偶像形成皮魂一体的认知,构建起外表与特质合一的崇拜模式。

2. 研究启示

随着元宇宙概念下虚拟世界的搭建,技术迭代推动虚拟偶像向数字化迈进,虚拟主播作为真人和技术的复合体,不同于完全由人工智能技术操控的虚拟偶像,是借助真实的人类情感与观众形成情感缔结,为观众提供陪伴感等情感价值。虚拟偶像作为一种亚文化形式,通过相对平等而稳定的直播模式与观众进行情感交流,在某种程度上可以满足个体的心理需求。对于虚拟偶像的崇拜正反映了当下社会转型过程中,年轻个体对自我精神层面新形式的探索与追寻。依托虚拟形象搭配中之人的运作模式,在动捕技术驱动下,观众以虚拟形式为媒介,主动进入偶像的虚拟化想象空间。技术与想象构建起来的虚拟世界不仅体现出虚拟现实技术的发展水平和画面呈现的逼真性,更是契合了现代人所具备的"想象虚拟现实的能力"[12]。在虚拟形象加持下,虚拟偶像为受众提供沉浸式的多元互动,中之人所展现出的人格特质是粉丝极为重视的一方面,由此在虚拟偶像行业中依然不可忽视人的主体性,以人为本的核心支撑不仅是维系虚拟偶像与受众双方关系的关键,也对人机文明的实际应用有着无法忽略的意义。

本文主要围绕虚拟偶像的崇拜构建过程展开探索,选取 A - SOUL 及其粉丝作为研究对象,在此前提下的研究分析主要针对虚拟主播类的偶像崇拜过程展开,其中与粉丝文化相关的社群氛围、粉丝行为等维度相对较少,未来研究可以探索更为丰富的虚拟偶像类别,并针对粉丝文化的各个不同维度进行深入拓展。

参考文献

[1] 艾媒大文娱产业研究中心.2022 年中国虚拟人产业商业化研究报告[R/OL].(2022 - 04 - 22)[2022 - 05 - 16]. https://www.iimedia.cn/c400/85066.html.

[2] Kong R, Qi Z, Zhao S. Difference between virtual idols and traditional entertainment [J]. Advances in economics, business and management research,2021,203:344 - 349.

[3] 非黛超值播.虚拟人懂了,中之人又是个什么?[EB/OL].(2022 - 02 - 09)[2022 - 06 - 30]. https://mp.weixin.qq.com/s/SlhaZGIbTdpVKlGEC51qMQ.

[4] Cheung C-K, Yue X D. Pentangular dimensions of Chinese adolescents' idol worship [J]. International journal of adolescence and youth, 2012,16(3):225 - 244.

[5] 岳晓东,严飞.青少年偶像崇拜系列综述(之二)——偶像崇拜的性别差异[J].青年研究,2007(4):15 - 20.

[6] 郭全中,张营营.粉丝经济视角下虚拟偶像发展演化及营销进路探析[J].新闻爱好者,2022(3):16 - 19.

[7] 喻国明,杨名宜.虚拟偶像:一种自带关系属性的新型传播媒介[J].新闻与写作,2020(10):68 - 73.

[8] 柯林斯.互动仪式链[M].林聚任,王鹏,宋丽,译.北京:商务印书馆,2012:51.

［9］ Guga J. Virtual idol Hatsune Miku ［M］//Brooks A, Ayiter E, Yazicigil O. Arts and technology. Arts IT 2014. Cham: Springer, 2015:36 - 44.

［10］ 王鹏. 虚拟偶像驯化:虚拟偶像与粉丝的拟社会互动[J]. 青年记者,2022(2):44 - 45.

［11］ 张路. 虚拟主播角色论:情感、现实与社会关系[J]. 当代动画,2021(1):22 - 28.

［12］ 姚睿,黄汀. 当代虚拟偶像的传播路径与产业模式——以虚拟偶像团体 K/DA 为例[J]. 现代传播(中国传媒大学学报),2021,43(11):125 - 130.

［13］ 解迎春. 虚拟偶像的文化赋能及其文化想象[J]. 新闻与传播评论,2022,75(2):91 - 102.

［14］ Wang Y Q. A brief analysis of the development of Chinese virtual idol industry empowered by 5g+motion capture technology—taking the virtual idol group a-soul as an example ［J/OL］. Journal of physics: conference series, 2022, 2278(1): 1 - 7. doi: 10. 1088/1742-6596/2278/1/012011.

［15］ A - SOUL 制作委员会. 给 A - SOUL 粉丝的公开问卷[EB/OL]. (2021 - 07 - 01)[2021 - 12 - 20]. https://www. wjx. cn/report/124666614. aspx.

［16］ 陈向明. 质的研究方法与社会科学研究[M]. 北京:教育科学出版社,2000:323 - 335.

［17］ 刘怡. 论网感化语境下青少年受众对影视明星人设的期待结构[M]. 现代传播(中国传媒大学学报),2020,42(7):103 - 108.

［18］ 吕鹏. 线上情感劳动与情动劳动的相遇:短视频/直播、网络主播与数字劳动[J]. 国际新闻界,2021,43(12):53 - 76.

［19］ 邓年生,姜博文,范玉吉. 粉丝自制视频"盗猎者"的符号生产机制[J]. 编辑之友,2017(8):53 - 56.

［20］ 宋雷雨. 虚拟偶像粉丝参与式文化的特征与意义[J]. 现代传播(中国传媒大学学报),2019,41(12):26 - 29.

机器替代人：智能社会的职业风险前瞻[①]

王袁欣[②]　刘德寰[③]

【摘　要】　人工智能技术的革新带动产业更迭和劳动力流动，本文以智能技术与职业结构调整为主线，利用全国性调查数据来考察个体对智能社会潜在职业风险的感知，探讨智能技术和机器应用究竟是会造成大面积的失业还是创造更多的就业岗位。研究发现人机协作模式是进入智能社会前的过渡形态，缺少知识技术门槛，重复、繁重、缺乏创造力的工作最容易被智能机器所替代。年龄大、高收入的男性对于人工智能可能造成的替代性失业有更强烈的职业风险意识。与此同时，技术发展也在不断创造基于脑力劳动和情感智慧的新岗位，未来职业将更依赖基于生物意识而掌握的工作技能，包括创造力、社交能力、学术素养、批判性思维等能力。

【关键词】　技术性失业；职业结构调整；补位式替代；机器社会

新技术在催生出新业态、新岗位、新模式和新机会的同时，对从事传统职业的就业人员也产生了冲击。西方工业革命后，机器进入工厂的现实逐渐改变了当时西方工业社会劳动力的职业结构。随着机器自动化的发展，以人作为主要劳动对象的社会职业和工作岗位正在逐渐消失。曾经的电话服务员、停车场收费员、机场的值机柜台柜员等许多服务行业的工种都逐渐被机器取代。随着电子信息系统、机器自动化生产还有机器人的相继出现与技术更迭，这些职业正在以一种不可逆的方式逐步淡出人们的视野。正如凯文·凯利（Kevin Kelly）曾提出机器正在生物化，而生物正在工程化的趋势一样，生命体和机器的联姻与融合正在创造一种新的生物文明。技术减少了对许多工作岗位的需求，而这个取代速度是工业革命时代所无法比拟的。波士顿咨询公司在 2016 年的一份关于工业劳动力结构的报告中指出，以德国为例，由于工业机器人和人工智能技术的发展，预计到 2025 年将削减约 61 万个组装和生产类岗位，但同时在信息和数据技术领域将新增约 96 万个新的就业机会[1]。这就意味着技术边缘者将被机器所取代，失去工作机会，这是生产服务智能化所产生的潜在

---

① 本文系研究阐释党的十九届四中全会精神国家社会科学基金重大项目"建立全媒体传播体系研究"（20ZDA057）的阶段性研究成果。

② 中央民族大学新闻与传播学院讲师。

③ 北京大学新媒体研究院教授。

影响之一。智能技术和机器的大规模应用究竟是会造成大面积失业还是创造更多的就业岗位,引起了社会和学界的广泛关注。本文试图围绕智能技术与职业结构调整,来考察个体对智能机器社会的潜在职业风险的感知。

一、文献回顾与研究问题

每一次工业革命引发的技术革新都会带来职业结构的深刻变化。在工业化社会里大批量生产是核心要素,所以机械化的流水线作业开始取代车间工人。当前全球处在第四次工业革命阶段,以大数据、云计算、物联网、人工智能等技术组成的创新集群正在快速发展,产业结构也面临转型升级[2]。在这一过程中,人工智能技术的深化发展很可能又会引发新一轮的职业结构调整和劳工过程的变化,这些新技术对工作结构的影响表现在对旧的生产方式中传统技能要求的改变,尤其是逐步弱化工人对传统技能的掌握程度[3]。当前劳动力市场还面临着人口老龄化、少子化趋势加剧的困境,劳动力市场短缺的现状会进一步推动工业机器人和自动化技术在生产生活中的应用,以此缓解由于劳动力短缺而引发的生产问题和经济危机,这促使各大经济体开始接纳智能化生产[4]。2019年劳伦·斯迈利(Lauren Smiley)发表在《纽约时报》的文章提到,航空影像公司利用高分辨率的摄像头和智能数据分析来帮助农民实现自动化灌溉,从而解决劳动力短缺的问题[5]。因此从长期来看,机器人和自动化设备介入生产环节可以抵消由于劳动力短缺带来的人力成本上涨的问题。2018年12月皮尤研究中心发布的《人工智能与人类未来》报告预测,不仅农业可以从高科技中获利,社区、交通、建筑、公共服务和商业等领域采用智能系统也能提高生产效率并节约成本。

从信息技术的发展阶段视角来看,19世纪以来的社会可以分成两个时代,分别是"体力经济"时代和"思维经济"时代[6],机械人工智能的介入使劳动者更加注重思考型任务,而相对减少体力劳动的工作。一些研究认为技术发展对就业情况具有破坏效应,随着技术的进步,失业人数也随之增加[7]。埃里克·布林约尔松(Erik Brynjolfsson)和安德鲁·迈克菲(Andrew McAfee)在《第二次机器时代》(*The Second Machine Age*)一书中描绘了自动化对就业产生的影响,以及非技能型工人的失业可能会对经济造成的破坏[8]。许多学者将这种由于技术进步所造成的失业现象定义为"技术性失业"。技术进步在产业价值链中引发的实际效应在于劳动力就业呈现"倒U"形曲线,面向研发和营销的就业岗位数量增加,而处于产业链中部的生产端的岗位数量减少,换句话说,就是对高技能劳动力需求的增加,对低技能劳动力需求的减少[2]。德隆·阿西莫格鲁(Daron Acemoglu)在研究中通过数学模型显示熟练技能工人岗位数量的增加会进一步促使技术向技能偏好型路径发展,于是建立"技术—技能—技术"正向相关的循环发展关系,彼此间通过互补不断得到加强[9]。学者宋冬林等在研究中也证明了技术进步中技能偏好的特点,验证技术进步所引发的技能型劳动需求增长以及劳动力结构的变化[10]。除了技术性失业的负面影响外,皮尤研究中心的调查指出人工智能对工作的接管可能会扩大经济收入差距,从而引发社会动荡。早在2013年,卡尔·贝内迪克特·弗雷(Carl Benedict Frey)和迈克尔·A·奥斯本(Michael A.

(Osborne)针对702个细分职业,用高斯过程分类器算法(Gaussian process classifier)分析职业淘汰风险、薪资、职业与自动化技术的关系,并用受教育程度等指标来预测未来机器人和人工智能领域的变革将会消除数以千万的工作岗位,大约47％的美国雇员的工作将有被取代的风险[11]。为了进一步分析当前人们对人工智能技术发展下的职业风险的认知情况,研究者提出研究问题:在大众看来哪些职业最有可能被人工智能所取代?

与上述较为悲观的职业替代论相反,另一些研究则认为要长远地看待技术影响。虽然短期内会有替代效应的出现,部分领域的从业者将面临技术性失业,但由于技术创新会为其他就业领域提供补偿机制,冲击不会造成永久性影响[12],增加产品需求也会创造新的就业机会[13]。因此,技术与劳动之间的关系既存在替代效应,也存在创造效应,陈秋霖提出智能技术与劳动力之间的关系更像是"补位式替代"而不是"挤出式替代"[14]。自动化技术和劳动之间存在强大的互补性,这些互补性可以提高生产率、提高收入,并增加劳动力需求[12]。从数据来看,自动化在过去几十年里也并未消除大多数工作岗位,生产率的增长和失业率之间实际呈现负相关关系[14]。麻省理工学院的大卫·奥托尔(David Autor)团队在2020年发布的《未来职业报告》(The work of the future)通过总结历时性数据的趋势来驳斥技术创新会导致失业的观点。过去一个世纪是人类技术创新最多的100年,但数据显示从事有偿工作的美国成年人比例仍急剧上升,说明有偿就业率在不断提高[15]。

从存在替代性风险的职业类型来看,龚遥等人采用美国职业数据库来预测人工智能应用对职业替代的风险,与弗雷和奥斯本相关的预测研究不同的是,龚遥用的是随机森林分类器算法来计算概率,发现不同职业的潜在被替代风险存在较大差异。受人工智能技术影响,潜在被替代的岗位从程序性体力劳动(routine motor task)向程序性认知劳动(routine cognitive task)扩展,即从事程序化类型的工种受技术冲击影响较大,从事重复性劳动的白领职业也开始面临被替代的风险,非程序性认知劳动如研究、社交、教育、管理岗位的潜在被替代风险较低[16]。具体来说,收入、技能和受教育程度方面都处于劣势的劳动力替代效应更强一些[17],相比之下,高收入、高技能和高学历的劳动力则更有可能受到创造效应的影响。2020年我国人力资源和社会保障部发布的《新职业——人工智能工程技术人员就业景气现状分析报告》指出,当前人工智能产业中核心技术岗位人才缺口大,进一步提出培养人工智能技能型人才的重要性。由此可见,智能技术的发展对职业结构的影响在于改变了社会职业需求,对于个体的劳动技能提出了更明确的要求,尤其是智能机器技术不能完成的技能成为劳动力市场的稀缺资源。那么什么样的人面对智能社会有更强的职业风险意识?存在被取代潜在风险的职业分别有哪些特点?

二、研究设计

研究者通过设计、发放和回收基于智能技术发展与职业结构变化的调查问卷来进一步厘清智能社会的职业认知情况。该调查面向全国范围,以随机等比例配额抽样的方式于2020年8月在线进行,涉及31个省市自治区,预计发放3000份样本,共回收2999份样本。

其中男性样本为1557份,占比51.9%,女性样本为1442份,占比48.1%。样本的平均年龄为31.6岁(sd=10.9)。被访者的受教育程度分布情况如下:高中及以下的被访者占比为35.0%,大专学历占比25%,本科比例为35%,硕士以上学历的比例为5.0%。被访者城市线级分布情况如下,一线城市比例为18%,二线城市为30%,三线城市为20%,四、五线城市比例为32%。其中农业户口占比43.4%,非农业户口占比56.6%。从被访者使用人工智能产品的基本情况来看,使用智能虚拟助手机器人的比例最高(22.2%),超过智能翻译、智能家居、可穿戴设备等智能产品,可见智能机器人已经逐步渗透日常生活。基于此,本文对智能社会职业的探讨主要包括三个问题:①机器人社会最容易被人工智能取代的职业;②容易被人工智能取代的工作的特点;③对人工智能产品的期待。

三、研究结果

1. 可替代性职业评估:失业风险初见端倪

基于被访者对人工智能产品的了解,进一步调查他们认为容易被人工智能替代的职业类型。研究者在问卷中共列举约18类职业,图1为2999位被访者关于存在替代性危机的职业分布结果。调查显示,有近半数的被访者认为"翻译"是最容易被人工智能取代的职业。智能翻译能够打破面对面交流中因语言不同而产生的沟通障碍,在多语言社会中发挥了重要作用。讯飞翻译、有道翻译等产品是智能算法技术在社会生活场景中最成熟的应用之一,包括语音识别、语言转译和语音合成播报三个过程,讯飞翻译机可以实现61种语言的实时互译,包括方言、民族语言和外语等。谷歌在2022年的I/O大会上还公布了一款AR增强现实的眼镜原型,目的是将自然语言处理技术与实时转录相结合为人们提供实时字

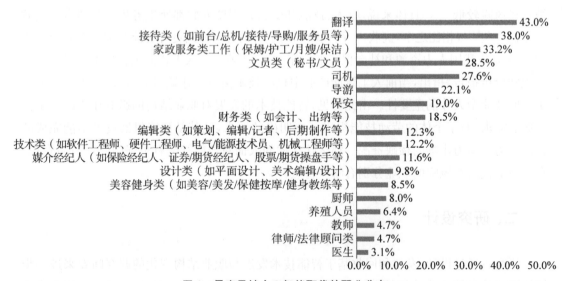

图1　最容易被人工智能取代的职业分布

幕，AR眼镜不仅能够接收音频和视觉信号，还能将它们转换为文本，显示在眼镜的视线范围内。虽然无论是翻译机器还是未来的AR眼镜在翻译语言方面还只能起到辅助作用，但相比于普通翻译人员，机器所耗费的低廉成本和便捷高效的属性仍具有较强的竞争力。

最可能被替代的职业是服务类的岗位，如涉及接待相关工作的前台、导购、服务员，以及家政服务类的保姆、保洁等职业。智能语音代理（intelligent voice agent）开始逐步接管原先由专人接线员来完成的客服工作和沟通任务，各大公司的网络、电话客服都已经逐步上线智能回复系统，由智能机器人来分流部分仅需简单咨询的客户，如果客户需咨询复杂问题则再依据需求连接到人工服务，这在很大程度上能够帮助公司提升效率，节省用工成本，帮助企业解决客服接线人员流失率高的问题。因此，智能客服既能够根据消费者的需求分类信息，还可以作为消费者投诉、发泄情绪的重要入口。许多餐饮店通过推行平板、手机等智能终端下单点菜和自助支付，同时利用服务类机器人来配送餐食，解决店内服务人员不足的问题。

文员、司机、导游、保安也被认为是容易"技术性失业"的职业。计算机可用于处理日常信息，它开始取代职员、出纳、电话接线员的日常沟通协调工作。司机成为可被替代的职业之一则与自动驾驶技术的发展有关。在2004年弗兰克·列维（Frank Levy）和理查德·默南（Richard Murnane）的研究中曾指出无论计算机技术如何快速发展，人仍然具有不容忽视的重要性与不可替代性[18]。早在2010年谷歌就率先研发出全新的无人驾驶汽车，特斯拉也在利用神经网络和机器学习不断改进全自动辅助驾驶技术。

医生、律师、教师是传统观念认为最难被机器取代的职业，一方面是因为这些职业的知识技术门槛较高，另一方面从业者不仅是脑力劳动者，还需要运用人际沟通技巧、社交技能调动情感、同理心等感性情绪和直觉能力，这是一种迥异于机器的生物智能，这可能是机器、算法无法替代的。在现实生活中，我们发现机器人在医疗领域广泛应用的可能性正在不断提高。美国的一些医疗机构已经开始让IBM的沃森来完成基础的诊断工作，因为沃森能够快速地分析海量数据，高效地将患者的症状、基因和病史情况与数据库中的数据进行比对，并基于150万患者的病例和数以万计发表的医学论文对患者的报告进行迅速诊断。同时，许多新兴医疗App已经能够帮助个人在家中做一些医学检查，通过可穿戴设备记录个人身体情况，将个人健康信息与医生共享来实现远程医疗。2016年，美国大型律师事务所欧化律师事务所已经开始使用基拉系统（Kira System）来分析公司合同[19]。一些商业平台这种基于人工智能的计算机程序正在逐步接手原先属于初入律师范畴的工作，利用算法来帮助客户自动化地撰写契约、商业合同等法律服务文件。这种重复性的信息处理任务是"程序性认知任务"，技术进步可以降低执行程序性认知任务的成本[20]。奥托尔将需要手眼并用的任务定义为"非程序化体力工作"，这类任务对于机器学习有着较高的门槛。因而，当智能技术发展日益成熟，同时职业所需的知识技术门槛降低，容易通过程序化编程实现的体力类、服务类工作最容易被人工智能技术所取代。

研究者利用SPSS统计软件将被访者对上述可能面临风险的职业选择进行了累加统

计,发现在多项选择的数量分布中,被访者至少选择1项可能被替代的职业,至多选择12项可能被替代的职业(均值＝3.11,标准差＝1.61),研究者进而分析职业风险认知背后的人口学特征。

研究者采用多元线性回归模型来研究基本人口特征对职业风险认知情况的影响。研究发现年龄、收入和性别对于职业风险意识和认知情况具有显著性影响。从表1的回归模型的结果看,年龄、收入、性别对于人工智能可能造成的替代性失业的职业风险意识有更强烈的影响,这可能与这一群体所从事的工作以及所面临的技术挑战密切相关。

表1　基本人口特征对职业风险的认知影响

	多元线性回归模型	
	β	p
年龄	0.048*	0.041
受教育程度	0.044	0.323
收入	0.115**	0.002
性别(男性)	0.154*	0.041
常数	2.206***	0.000
R^2	0.013	
调整后R^2	0.011	

注:* 代表显著性水平<0.05,** 代表显著性水平<0.01,*** 代表显著性水平<0.001。

2. 劳动机器与创造力的博弈

如图2所示,问卷调查了"易于替代的职业工作特点",发现超过七成的被访者认为具有"重复劳动"的工作性质是最容易被人工智能算法取代。重复性劳动体现了技术含量低的特点,重复工作并非在创造新的价值,只是对于劳作熟练度的训练,不需要人的主观能动性的参与,因而是机器比较容易掌握的技能。机器的运算速度决定它单位时间内能处理的工作内容和数据远远高于人类,使用机器代替人是效率最大化的体现。涂尔干认为如果经常性从事重复性工作,人就容易变成毫无生机的零部件,他所有的生活是在外界力量的驱使下进行的[21]。工业革命鼓励人成为按部就班机械运转的劳作机器,但智能技术可以将人类从机械分工中解放出来。

"繁重的劳动""缺乏创造力"和"流程性强,易于量产"也是大多数人认同的易被取代的职业特点。繁重的劳动促使个体转嫁劳动强度,比如起重机的发明就为人工垂直或水平搬运重物节省了体力。创造力是人类区别于机器的自主性的体现,也是生物性的体现。自主创新离不开创造力,一切革新动力来源是无限的创造力和丰富的想象力,因而需要大量创造力的工作是难以被机器和算法取代的。

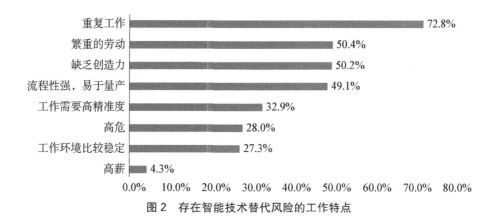

图2 存在智能技术替代风险的工作特点

与所列诸多特点相比，较少被访者将"高薪"选为机器可替代工作的主要特点。在现代社会中，职业薪水与工作能力具有一定的等价性，高薪往往有很强的预设：具备高薪的人要么是处于经济高速发展的行业，该人力成本值得与之相匹配的薪资，要么该职业更多地与智力劳动、社会地位相挂钩，久而久之容易将高薪等价于"高社会需求""高价值"和"工作重要性"，短期内很难被人工智能所取代。这也与弗雷和奥斯本在2013年的研究结论相符合，即薪水、受教育程度与容易被自动化取代的职业呈负相关，因而，为了避免技术性失业，人们应该更多地从事与创造性和社交技巧有关的工作[11]。

研究者运用列联表进一步剖析与职业特点相关的个人特征。通过卡方检验（Chi-Square Test）发现，不同性别存在对工作特点的偏好差异。在繁重劳动、工作环境稳定、流程性强和高薪等特点中，男女性别的选择偏好差异不显著（$p > 0.05$）。但是，女性比男性更加倾向于认为重复性工作（$p = 0.05$）、缺乏创造力（$p = 0.004$）的工作将会被人工智能取代，而男性比女性则更倾向于认为高危（$p = 0.05$）、高精准度（$p = 0.003$）的工作容易被人工智能取代。交叉表的卡方检验结果说明性别对于智能技术可能替代的工作特点的选择上是存在明显差异的，这也印证了不同性别对工作场景下他们所从事的工作特点存在偏好和认可度差别。

四、讨论

社会职业的变迁过程本质上与社会大环境的变化密切相关。服务业成为主导、工厂制造业逐步衰退的经济现象是城市两极分化扩大化的预兆，不同的经济结构导致不同的工作结构，新经济在相当程度上靠的是引进技术革新或者新的生产技术来实现[3]。从鲍曼流动的现代性的理论视角来看，他认为在当前社会的现代性框架内，空间的优势不复存在，工业革命时期以"福特主义工厂"为典型代表的工作和劳动更多地展现出静止、固态的特征[22]。而信息技术革命带来的是流动且轻盈的现代性，谁运动变化得更快谁就占据了权力的优势。由此带来的影响是劳动力不再局限于同一空间中，同时带有不稳定的属性。人工智能技术和机器人技术的成熟,正在使"技术性失业"逐步变成一个即将到来的事实,这一变化将会加剧工作的流动性。原先由人独立完成的工作,开始向人机协作的形态转变,未来技术的进步将会演变为由机器逐步取代人类劳动力。流动即常态,数字驱动的智能生产模式将打破职业的平衡稳定状态,整个社会的数字化转型必然伴随职业属性和工作模式的震荡和调整。这种结构的不稳定性可能会催生出更多创新的意识和创新的岗位,以谋求达到一种新的职业平衡。

早期当人们对机器时代充满浪漫主义、乐观主义的幻想时,更多地会倾向于相信电脑和机器人将会把人从繁重的、无趣的、重复性的体力劳动中解放出来,人类将有更多的时间和可能性去从事与内心偏好、兴趣相契合的职业,工作的核心区域将转变为文化、艺术、科学、创新、哲学、探索及冒险。当一切都在逐步变成现实时,人们对社会职业的变化开始产生一种恐惧和危机意识。人们关于人工智能及机器人解放人类职业困境的乌托邦式的美好幻想也许面临幻灭,抑或开启人机协作的新阶段。斯坦福大学数字经济实验室主任布林约尔松在《机器、平台、人群:驾驭我们的数字未来》(*Machin, platform, crowd: harnessing our digital future*)[8]中提到 2030 年,伴随着人工智能和相关技术的能力的显著提高,人与机器的平衡开始被打破,社会将会面对从"计算机能做什么"到"我们还需要人类做什么"的转变,促使人们开始思考人的价值和贡献所在。布林约克松在书里谈的不是反乌托邦的风险,而是站在建设性的立场提出要发展有益的智能,即"我们该如何利用这种新力量让世界变得更好"。

机器将人类从重复性劳动中解放出来的同时也意味着对人类能够从事的职业提出了更高的要求。从根本上看,人工智能对工作的替换是基于任务层面,而不是工作层面[23]。机器社会的变迁从嵌入式智能开始,智能系统会优先嵌入日常生活的环境之中,与人类同步进化。机器先取代一些服务性质的工作,如本文提及的接待类、家政服务类和文员秘书类等基础服务任务的工作,在过渡阶段需要人机共同协作来完成较为复杂的任务。波士顿咨询公司发布的工业 4.0 时代的劳动力结构报告中列出 10 个受技术影响的劳动力场景,包括大数据驱动下的质量管理,机器人辅助生产,智能供应网络等工作内容。未来制造业可能会基于机器人的工作需求创造出类似于机器人协调员的新增岗位,来满足工业场景下的人机协作。我们将需要新的混合技能的知识工作者,即便是新创造的工作机会也将会面向技能型的劳动力,比如我们对劳动力的需求限定会更加明确,如需要懂得如何利用大数据的农民,能够与机器人协作共同诊疗和手术的肿瘤学专家等。周勇在讨论人工智能介入职业播音工作的可能性时谈到当前人工智能水平尚处于弱人工智能阶段,应用到节目主持中存在较强的壁垒[24]。即便如此,播音主持专业与人工智能技术相对接已成为刚需,播音主持的专业理论可以为人工智能的语义表达和表现方式提供机器学习的案例以及人工标注的维度参考,这使得未来会产生一批为了发展人工智能语音技术而创造的新职位。这在某种程度上意味着人机协作会成为新创造出的工作岗位的主要工作形态。

因自动化而面临失业风险的劳动力受到技能水平和受教育程度的影响。具备高技能和高学历的人才往往能够更迅速地掌握新技术或者是满足新出现的职业中对技能提升的要求，而低技能水平和低受教育程度的人则会因为对技术的陌生和不适，逐渐被技术完全取代。总的来说，高等教育需要面向未来，对于个体培养和塑造的过程要有意识地对抗人工智能对个人职业发展的干扰。人工智能算法能轻松学习并完成的工作是最容易被取代的，而人工智能机器不能完成的任务则指向需要通过脑力劳动和智慧创造的工作，因而，未来社会对劳动力的需求还将取决于包括创造力、社交能力、学术素养、批判性思维等在内的一些机器无法通过具备生物意识而实现的技能。

参考文献

［1］ Lorenz M, Rüßmann M, Strack R,等.工业4.0时代的人机关系：到2025年，技术将如何改变工业劳动力结构？［R］.波士顿：波士顿咨询公司，2016.

［2］ 杜传忠,许冰.第四次工业革命对就业结构的影响及中国的对策［J］.社会科学战线，2018(2)：68－74.

［3］ 杨伯溆.全球化：起源、发展和影响［M］.北京：人民出版社，2002：336.

［4］ 陈秋霖,许多,周羿.人口老龄化背景下人工智能的劳动力替代效应——基于跨国面板数据和中国省级面板数据的分析［J］.中国人口科学，2018(6)：30－42.

［5］ Smiley L. Eyes in the sky help farmers on the ground ［EB/OL］.(2019－09－18)［2021－02－19］.https://www.nytimes.com/2019/09/18/business/farms-aerial-imagery-agriculture.html.

［6］ 拉斯特,黄明蕙.情感经济：人工智能颠覆性变革与人类未来［M］.彭相珍,译.北京：中译出版社，2021.

［7］ Jones D. Technological change, demand, and employment ［M］//Bosworth D L. The employment consequences of technological change. London: Palgrave Macmillan, 1983:25－51.

［8］ Brynjolfsson E, McAfee A. The second machine age: work, progress, and prosperity in a time of brilliant technologies ［M］. New York: WW Norton & Company, 2014.

［9］ Acemoglu D. Why do new technologies complement skills? directed technical change and wage inequality ［J］. The quarterly journal of economics, 1998,113(4):1055－1089.

［10］ 宋冬林,王林辉,董直庆.技能偏向型技术进步存在吗？——来自中国的经验证据［J］.经济研究，2010(5)：68－81.

［11］ Frey C B, Osborne M A. The future of employment: how susceptible are jobs to computerization?［J］. Technological forecasting and social change, 2011,114:254－280.

［12］ Autor D. Why are there still so many jobs? the history and future of workplace automation ［J］. Journal of economic perspectives, 2015,29(3):3－30.

［13］ Gregory T, Salomons A, Zierahn U. Racing with or against the machine? evidence on the role of trade in Europe ［J］. Journal of the European Economic Association, 2022,20(2):869－906.

［14］ Trehan B. Productivity shocks and the unemployment rate ［J］. Federal Reserve Bank of San Francisco economic review, 2003:13－28.

［15］ Autor D, Mindell D, Reynolds E. The work of the future: building better jobs in an age of intelligent machines ［M］. Cambridge: The MIT Press, 2020.

［16］ 龚遥,彭希哲.人工智能技术应用的职业替代效应［J］.人口与经济，2020(3)：86－105.

［17］ Michaels G, Natraj A, van Reenen J. Has ICT polarized skill demand? evidence from eleven countries over 25 years ［J］. The review of economics and statistics, 2014,96(1):60－77.

［18］ Levy F, Murnane R J. Education, and the changing job market ［J］. Educational leadership,

2004,62(2):80-83.

[19] 奥本海默.改变未来的机器:人工智能时代的生存之道[M].徐延才,陈虹宇,曹宇萌,等译.北京:机械工业出版社,2019:24.

[20] Autor D H, Levy F, Murnane R J. The skill content of recent technological change: an empirical exploration [J]. The quarterly journal of economics, 2003,118(4):1279-1333.

[21] 涂尔干.社会分工论[M].曲敬东,译.北京:生活·读书·新知三联书店,2017:331.

[22] 鲍曼.流动的现代性[M].欧阳景根,译.北京:中国人民大学出版社,2018:226.

[23] Huang M H, Rust R T. Artificial intelligence in service [J]. Journal of service research, 2018, 21(2):155-172.

[24] 周勇,郝君怡.职能演进与群体变更:播音主持职业发展演进逻辑与未来趋势[J].当代传播,2019(5):40-45.

游戏为媒:浅析以网络游戏为载体的中国文化出海现状及对策

张瀚月①　刘　畅②

【摘　要】　数字技术的发展使得电子游戏融合了多种媒介形式,成为超越虚拟与现实、跨越地域与空间的独特存在,并在全球化浪潮中进一步促进了跨文化交流。随着中国游戏产业的崛起,网络游戏出海在带来可观经济效益的同时,也凭借其对中国文化资源与价值观的利用和转化成为推动文化"走出去"的重要抓手。未来,进一步开发本土文化资源、孵化新技术将成为促进产业升级和增强中国文化软实力的可行路径。

【关键词】　游戏出海;中国文化;媒介技术;跨文化传播

电子游戏被称为"第九艺术",和电影、文字、音乐等并列,都是文化传播的重要载体。正如麦克卢汉提出的"游戏是媒介的延伸",数字技术的发展使游戏玩家享受高互动性和沉浸式的游戏体验。而"游戏化",也称为一种数字媒介时代泛在的人类生存方法论[1]。电子游戏在20世纪60年代初具雏形,70年代开始以商业娱乐媒体的姿态出现,至今已经成长为产值超过1000亿美金的大型产业。其中,网络游戏(简称网游)已经成为整个产业最为重要的收入来源。与单机游戏不同,网游包括依靠局域网实现的联网游戏和利用TCP/IP协议、以互联网为依托的大型多人在线游戏——这种大型多人在线游戏能够突破地域的限制,让不同国家、不同种族的玩家同时参与,更大程度地满足玩家在游戏中的主体扮演欲望和交往需要[2]。

网络游戏整合了多种媒介的优势,运用跨媒介叙事构造了一个故事世界,并使得玩家在自身的角色中获得独一无二的经历与审美体验[3]。与其他形式相比,游戏的高度互动性能够带给用户更强的体验感和代入感。尤其是在新冠疫情使得物理意义上的全球化遭遇逆流的前一时期,网游也在一定程度上超越了地域与语言的限制,动员来自不同地区和文化背景的玩家在同一套世界架构、规则体系和时空刻度下展开活动,游戏世界与现实世界一起作为互不干扰的"平行宇宙",通过为玩家提供的"虚实混动"的多维世界体验而实现了跨文化传播的效果[4],这是传统媒介所不具备的独特优势。

---

① 当代中国与世界研究院调查与评价研究中心研究实习员。
② 当代中国与世界研究院对外传播研究中心助理研究员。

网络游戏产业的成熟与开发资源、游戏素材、代码、开发工具、托管服务器等生产链条紧密相连,能够直观反映一国的经济实力与文化软实力。2021年3月,《中共中央关于制定国民经济和社会发展第十四个五年规划和2035年远景目标纲要》正式发布,锚定了到2035年建成文化强国的目标。同时也特别提出"积极发展对外文化贸易,开拓海外文化市场,鼓励优秀传统文化产品和影视剧、游戏等数字文化产品'走出去',加强国家文化出口基地建设"。2022年8月,商务部等27个部门出台了《关于推进对外文化贸易高质量发展的意见》,提出了包含发展数字文化贸易在内的28项任务举措。加强中华文化走出去,"卖出去"的效果比"送出去"更佳。产业"大航海时代"的到来,将使其成为文化强国比较优势建设的重要环节。

一、资源、市场与受众:中国网游出海的深层驱动

根据社交媒体平台推特(Twitter)发布的《游戏出海白皮书》,截至2022年3月,全球12个月内产出的游戏相关推文数量已超过25亿条,同比增长16.5%,与2019年相比增长了78%;中国网游《原神》《偶像梦幻祭》和《荒野行动》位列推特上被提及最多的游戏第一、第三和第七名。游戏产业分析机构Sensor Tower发布的《2022年上半年美国移动游戏市场洞察》显示,2022年上半年共有23款国产手游入围美国畅销榜前100,合计营收14.1亿美元。其中《原神》以1.4亿美元收入位列出海美国的游戏收入榜首。中国音数协游戏工委(GPC)与中国游戏产业研究院发布的《2022年1—6月中国游戏产业报告》显示,2022年上半年,我国自主研发游戏海外市场实际销售收入为89.89亿美元,同比增长6.16%。与此同时,受新冠疫情等因素影响,我国游戏市场的销售收入和用户规模同比均有小幅下降。

从行业角度来说,当前网络游戏品类同质化,头部IP占据主导,风格与设定架构雷同,急需新鲜内容补充;从受众角度来说,随着Z时代的结构性人口红利开始释放,更受Z时代欢迎的游戏行业有望获得千亿级的增量空间,他们对游戏风格与内容的偏好也随着消费水平的提升与配套设备的更新换代变得更加多元。放眼世界,青年群体也普遍对中华文化具有更强的好奇心与探索欲。因此,在以西方传统价值和叙事为主流的游戏行业中,出海游戏可以利用我国丰富的文化资源打造令受众耳目一新的产品。中国历史和文化本身就包含众多可以改编成游戏的英雄史诗和背景故事,如果国内公司没有抓住机遇,则相当于用宝贵的文化资源给他人做了"嫁衣"。日本光荣公司在2000年8月推出了《真三国无双》系列。在游戏中玩家可以操作一位三国时代的人物去进行历史中的著名战役,体验"一夫当关,万夫莫敌"以及于行伍中"取敌将首级如探囊取物"般的通关过程。截至2020年8月,《真三国无双》系列已发行9部游戏,销售超过2200万份。

随着中国游戏产业水平的整体提升,一部分头部游戏公司已经开始将出海作为业务重心,将产品融入中国文化符号,率先做出尝试。例如,《王者荣耀》海外版通过增加三国系列等中国英雄人物、中国传统节日元素等中华传统符号,使海外用户感知中国文化,获得更加丰富的游戏体验,其展现的"东方力量"也获得了玩家的追捧。这意味着将民族的传统精粹

与现代的发展史诗融入游戏产品，能够进一步增加玩家的认同感，提升游戏体验，让游戏作品产生更加积极、持续、深远的影响。

二、技术、文化与价值：中国网游面向海外市场的考量

"文化在游戏的形态和情绪中展开[5]。"在竞争激烈的国际游戏市场中，中国游戏商在游戏类别、制作技术等竞争中，较难获得巨大优势，而中国文化内核驱动的游戏世界设定、剧情设定和画面风格等成为目前中国出海游戏的差异性竞争力，吸引玩家的同时也成为传播中国文化的良好载体。

Arena of Valor（AoV，《王者荣耀》国际版）2017 年于海外上线，目前已在全球 150 多个国家和地区上线，全球注册用户数超过 2 亿，是中国出海游戏中第一个日活跃用户数量突破 1 000 万的产品。其中的中国英雄人物、中国传统节日元素等中华文化符号，为玩家营造中国文化氛围，使海外用户获得更加丰富的文化体验。《梦幻西游》电脑版在意大利举办了中国非遗文化展，让观展人士近距离感受蓝印花布、荣昌折扇、剪纸、皮影等中国传统文化的魅力；《荒野行动》是网易自研的一款战术竞技游戏，自 2017 年上线以来收到了日本玩家的广泛追捧。其曾经与中国航天集团合作推出直-8 运输机和国产自研武直-10 元素，并与蛟龙突击队合作推出蛟龙时装。2022 年 2 月，《荒野行动》与中国知名科幻 IP《三体》展开联动，在游戏画面中还原了《三体》描绘的诸多经典场景，并将小说故事中的未来物品转化为在游戏中可以使用的道具，为玩家创造了生动可交互的沉浸体验。这些案例也恰好印证了一款承载优秀文化的移动游戏产品，不仅为游戏增添了独特的文化内涵，吸引玩家，而且能变成讲好中国故事的优良柔性载体。

文化产品"卖出去"的效果之所以远远好于"送出去"，是因为这代表受众主动认可了产品本身的价值及其背后的丰富文化意蕴。目前，中国游戏出海的主要目的地多位于美、欧、日韩等主流国家的发达市场。中国的游戏产品在主流市场的竞争中获得成功，除了文化价值外，也离不开成熟的本土化运作和营销。

《原神》成功出海的重要原因之一就是本土化。《原神》的核心游戏体验基于其开放世界冒险游戏的机制，其中对生态环境的刻画体现在写实生态与写意生态两种，既包含对自然与地理风貌的还原，也包含对社会风俗、秩序、规则等文化特征的解读。游戏中的世界观并非完全与世界脱节，而是现实世界的风貌和社会规则映射下的"镜像"，是虚拟与现实并存的自由空间[6]。《原神》中以中国为原型的璃月地区是岩之神的领地，以山峦、岩石作为标志性的景观。结合《原神》奇幻风格的基调，以张家界的砂岩峰林地貌为原型，打造了璃月地区最为奇幻的游戏场景——"绝云间"与"华光林"。同时，玩家还可以乘"风之翼"穿梭于险峻的峰林间，体会苍茫云海，高远空阔的意境，从视觉交互的角度打造中式山水美学。在游戏版本配置、推广等方面，《原神》都根据不同国家和地区的实际情况进行本土化调整。例如，邀请日本知名声优为《原神》配音。不仅如此，《原神》还与日本索尼公司合作在日本推广，成为首款登陆东京电玩展（TGS）索尼主展台并提供线下试玩及互动的国产游戏。此

外，AoV 游戏制作团队根据海外用户的接受习惯对游戏人物名字、世界观、技能等方面都做了改动，削减了因文化冲击(culture shock)而产生的"文化折扣"[7]，使游戏成功打开了海外市场。

网游产业的成熟、基础设施的完备和受众规模的扩大催生了电竞赛事的发展，依托竞技性网游的电竞赛事不仅吸引专业游戏玩家参与游戏，而且能吸引业余玩家和普通观众关注游戏和比赛，从而提升传播效能。观众观看比赛，在社交媒体为自己国家的战队加油，可以形成游戏影响力的指数级裂变。根据腾讯电竞和企鹅有调联合发布的《2022 年亚洲电竞运动行业调查报告》，2022 年全球电竞观众将增至 5.32 亿，并将以 8.1％年复合增长率在 2025 年增至 6.40 亿。《英雄联盟》是美国拳头游戏公司开发的一款游戏，其全球总决赛是一个很好的例子。2021 年 11 月 7 日，中国战队 EDG 夺得了英雄联盟全球总决赛的冠军。比赛当日微博有关 EDG 的热搜共有 80 余个，是英雄联盟游戏的一次"破圈"，足以说明有影响力的国际赛事对游戏出海的积极作用。

《王者荣耀》国际版也在探索通过国际赛事扩大海外影响力。虽然相较于《英雄联盟》，《王者荣耀》国际版世界杯暂时没有那么大的吸引力，但是也在迎头赶上。2018 年 8 月 26 日，中国团队在 2018 年第 18 届雅加达—巨港亚运会上勇夺王者荣耀国际版表演赛的金牌，这是亚运会历史上第一块属于电竞项目的金牌。杭州亚运会 8 个正式电竞小项游戏中，3 个来自中国游戏商。腾讯出品的《王者荣耀》亚运版、《和平精英》亚运版和杭州电魂网络科技出品的《梦三国 2》三款游戏成为杭州亚运会正式电竞小项，助力中国游戏走出去。2022 年 8 月 28 日，王者荣耀官方宣布，王者荣耀世界冠军杯将在 2022 年联合《王者荣耀》国际版世界杯迎来全方位升级，打造为全新的全球职业电竞赛事。世界冠军杯正赛名额将从目前的 12 支提升为 16 支，亚洲、北美、南美、欧洲、中东等地区的本土战队和选手将在这一赛场上同台竞技，大大提升赛事的国际化水平与影响力。

三、未来国产游戏出海展望

1. 专注创新破圈，兼顾经济效益与社会效益

从平台来看，国产游戏在电脑端和手机端的渗透率呈现出分化的态势。一方面，国内端游的头部游戏产品长期被优质进口内容占据。在激烈的市场竞争环境下，即使是国内头部聚焦自主研发的网易也需要依靠其代理的 PC 游戏填补三成的收入。腾讯更是借助三大进口代理游戏《英雄联盟》《穿越火线》和《地下城与勇士》奠定了其在端游时期的霸主地位。另一方面，国产手游在海外市场的渗透率逐年攀升。过去十年间，国内手游厂商共有三波出海浪潮，出海市场从以东南亚为主到遍及全球，从代理发行到研运一体，从网易、腾讯大厂到垂直新秀，已经迎来了全面繁荣期。

现阶段 AR、AI、云计算等技术快速发展，使得拟真交互、跨设备游戏等新奇的游戏体验有了技术支撑，并催生出对元宇宙等进阶需求的合理展望。在新技术发展并逐渐走向成熟的过程中，出海游戏研发更应随时代脉搏起舞，对游戏进行题材融合、玩法创新和技术迭

代。同时，科技创新也使得游戏产业能够与健康、文旅、购物等领域融合发展、一并出海，从而拓展社会价值，为产业发展带来更多机遇。对于产业中的个体企业，科技成果落地也有利于其进一步减少运维成本，提升用户体验，提升研发专业性。

2. 深耕细分市场，打造业内口碑级、现象级产品

用户支出增长为游戏企业创新发展提供了原动力。相较于竞争激烈的国内手游市场，庞大的海外手游市场未来增量空间巨大。对于日韩、西欧、北美等游戏产业发达地区，游戏市场增长主要来自用户渗透率和 ARPU 值（每用户平均收入）的持续提升，内容供给升级将是重要驱动力。对于拉美、东欧、东南亚、中东、非洲等经济欠发达地区，目前互联网渗透率和游戏用户渗透率均处于低位，游戏市场增长将受智能硬件、通信设备等升级迭代以及居民消费能力提升驱动。从投入产出比角度来说，国内游戏企业应将营收重点放在 ARPU 值普遍较高的成熟市场，如北美、西欧和日韩地区；从文化传播角度来看，也应适当着眼于欠发达市场用户和营收增长的长远前景上。

表1　市场主流游戏品类与代表作品

市场主流游戏品类	英文名称	特点	代表游戏
即时战略游戏	RTS(Real-time strategy game)	是战略游戏的一种，主要以电脑游戏的形式存在。游戏是即时进行的，而不是采用传统电子游戏及棋盘战略游戏中的回合制	《星际争霸》《星际争霸2》《魔兽争霸3：冰封王座》《红色警戒2：第三帝国》
多人在线战术竞技游戏	MOBA（Multiplayer online battle arena）	属于即时战略游戏的一个子类，玩家分为两队，单个玩家只能控制一个角色	《英雄联盟》《王者荣耀》《刀塔2》《风暴英雄》
角色扮演游戏	RPG（Role-playing game）	玩家通常扮演一个角色，在一个结构化规则下通过一些行动令所扮演的角色发展。玩家在这个过程中的成功与失败取决于一个规则或行动方针的形式系统	《上古卷轴5》《巫师3》《仙剑奇侠传》
多人在线角色扮演游戏	MMORPG（Massive muti-player online RPG）	玩家从客户端通过互联网链接，登录服务器端后才能进行游戏。玩家的资料保存在服务器端。游戏过程中玩家扮演的角色和其他玩家控制的角色在网络虚拟空间中实时互动	《魔兽世界》《传奇》《剑网3》《逆水寒》
动作角色扮演类游戏	ARPG（Action role-playing game）	动作类游戏与传统角色扮演类游戏的结合，最为关键的是完整包括了角色的升级系统	《暗黑破坏神3》《剑侠奇缘》
动作游戏	ACT(Action game)	以"动作"作为游戏主要表现形式的游戏即可算作动作游戏，动作游戏也包含"射击游戏"和"格斗游戏"	《鬼泣系列》《战神系列》

（续表）

市场主流游戏品类	英文名称	特点	代表游戏
第一人称射击游戏	FPS(First-person shooter game)	以玩家的主观视角来进行射击游戏。玩家们身临其境地体验游戏带来的视觉冲击,大大增强了游戏的主动性和真实感	《穿越火线》《反恐精英:全球攻势》《使命召唤系列》《战地系列》
策略游戏	SLG(Simulation game)	玩家运用策略与电脑或其他玩家较量,以取得各种形式胜利的游戏,策略游戏可分为回合制和即时制两种	《文明系列》《列王的纷争》《部落冲突》

海外游戏玩家在不同的细分市场中呈现出文化影响下的多样偏好[8]。例如,在美欧市场,博彩游戏和策略类游戏广受欢迎;在深受二次元文化影响的日本市场,角色扮演游戏则受到更多青睐。需要注意的是,目前中国游戏企业出海收入构成仍以策略类游戏为主,企业在同质化赛道内竞争激烈。未来游戏企业需要将更多在国内游戏研发细分赛道的经验应用到国际市场上,尝试布局多人在线角色扮演游戏、动作角色扮演游戏、消除类游戏等海外用户同样具备较高偏好度的品类,从而建立更高竞争优势,进一步提升海外收入占比。

3. 改善运营管理,着力培养提效率、抗风险能力

国产游戏出海规模的扩张与速度的提升也必然伴随着一系列风险与问题。特别是在疫情防控期间,国际交流活动受到限制、意识形态矛盾与冲突频现,这些都对国内游戏公司的海外运营管理能力提出了挑战。

一方面,是产品层面的合规性问题,对于出海游戏来说,关键词屏蔽是有效防止风险的措施,但是从技术难度上来说,关键词屏蔽并不容易;从游戏体验上来说,关键词屏蔽太多影响消费者游戏体验,设置太少则容易使内容不受控制,引起意识形态风险。另一方面,是运营成本提升问题,随着前几年出海游戏公司的扩张,一些在海外设置办公场所的企业必然面临沟通成本、交通与出入境成本提升的问题。同时,随着市场环境的变化,原有的游戏发布与推广方式也必然受到影响,需要游戏公司转而采用更加高效的方式来节省成本和提高效率。例如,根据游戏特点将全球发布、全球推广的粗犷型方式转为针对用户画像、渗透社交媒体的精细化推广,从而有效提升触达率与转化率。

4. 提供政策扶持,助推行业规范化、机制化发展

游戏行业的健康发展离不开法律法规的规范指导,优质的游戏产品也可以借力政策的东风产生更为深远的影响,获得更加可观的收益。

在整治行业竞争乱象方面,有关部门应该鼓励精品创作、鼓励行业自律,同时不断完善与游戏知识产权保护相关的法律系统,特别是要保护好出海过程中的跨国知识产权。同时,要引导游戏产业生态持续优化,促进游戏跨行业领域应用,鼓励教育培训、医疗健康等功能性游戏应用的研发。在激发企业经济活力方面,应当进一步给予中小企业税收优惠,从而进一步破解研发费用高、资金回笼慢的难题。同时,要着力建设主体丰富、链条完整的游戏产业生态,对在申请文创、精品数字出版物等方面遇到困难的企业及时给予政策流程

解读和培训等帮助。同时,企业自身在出海过程中也应当树立合规意识与风险意识,对不同市场的准入原则有明确认知,对其应承担的社会责任有精准把握。例如,我国推行游戏版号审核制度,而美国则实行以行业自觉为主的分级制度。在未成年人保护、用户隐私保护、防范非法活动等方面,游戏企业应树立起应有的自觉性。

参考文献

［1］周海晏.以游戏化推动数字媒介的方法论转型[N].中国社会科学报,2021-11-11(007).

［2］赵坤.电子游戏与网络文化[J].长江文艺评论,2016(3):42-49.

［3］齐兔珲,李智.元宇宙:媒介融合视角下电子游戏的再进化[J].东南传播,2022(6):78-80.

［4］苏涛,彭兰.虚实混融、人机互动及平台社会趋势下的人与媒介——2021年新媒体研究综述[J].国际新闻界,2022,44(1):44-60.

［5］褚金勇,韩雪迪.传递"中国故事":游戏的文化媒介传播及功能化发展[J].华夏传播研究,2021(2):109-126.

［6］杨瑞铭.电子游戏跨文化传播中的国际表达和意义共享——以手机游戏《阴阳师》的风行为例[J].文化创新比较研究,2019,3(18):18-20.

［7］曾培伦,邓又溪.从"传播载体"到"创新主体":论中国游戏"走出去"的范式创新[J].新闻大学,2022(5):94-104+122.

［8］邓剑.MOBA游戏批判——从"游戏乌托邦"到"游戏梦工厂"的文化变奏[J].探索与争鸣,2020(11):169-176+180.

用户体验视角下知识短视频影响力研究

——以"樊登读书"抖音号为例

刘　琪[①]

【摘　要】　近年来受到疫情的影响，"居家"成为热词，随着互联网技术的不断发展，人们无论何时何地都可以获取自身所需求的知识，但仅仅通过文字来获取知识的过程相对单调，而短视频的形式为人们所广泛接受，因此短视频知识服务对于用户的影响十分显著。研究表明，视频类别、视频时长和视频排布类型会对视频传播力产生影响，本文依托技术接受模型与期望确认模型，对"樊登读书"抖音号的传播内容与用户参与度进行实证分析。

【关键词】　知识服务；阅读平台；樊登读书；短视频

在目前互联网技术快速发展的大环境下，知识服务也通过新的方式传播和扩散。受到疫情的影响，线下面对面的知识服务逐渐转为线上，越来越多的用户和消费者为数字化知识而买单。多样化的知识服务形式不断涌现，短视频成为用户最为喜爱的形式之一，艾瑞咨询显示，人们在居家办公期间，平均花费 3 小时在短视频观看上，因而知识服务通过短视频这种轻松的形式传播更能够迎合当下的受众市场。

根据清博数据显示，截至 2021 年底，在抖音上注册的知识创作者累计超过 6 万个，累计播放量超过 2 万亿。在这个碎片化知识爆炸的时代，知识服务类短视频具有较强的知识整合能力，因而有较深层的研究意义。有关知识服务、阅读等短视频的研究目前主要集中在营销策略、案例研究、内容研究等方面，从用户视角和不同细化类别研究影响效果的较少，因此，本文选取抖音中"樊登读书"账号作为研究案例，探究知识服务在短视频中的呈现形态。"樊登读书"是一个全面提供知识服务的平台，近年来在新媒体领域不断发展，成为集微信公众号、新浪微博账号、抖音账号、小红书账号等于一体的综合平台。截至 2022 年 7 月底，抖音粉丝数已超过 791 万，月榜排名稳居前三[1]。

本文通过对该短视频账号的用户参与相关指标进行分析，基于用户视角，对樊登读书的内容传播规律和用户使用行为进行分析。

---

① 上海出版印刷高等专科学校教师，上海出版传媒研究院兼职研究员。

一、理论研究方法与框架

1. 期望—接受模型

在学术研究中,期望确认模型在国内外社交媒体的研究中得到广泛使用。国内学者扩展了期望确认模型,对影响微信用户持续使用意向的因素进行分析,发现感知趣味性、感知易用性和用户满意度三个方面对用户持续使用意向有着显著影响。顾东晓等人结合以往研究,将期望确认模型、沉浸理论和在线信任合并,提出并验证了社交媒体正向舆情传播模型。国外学者不断扩展期望确认模型,认为愉悦感和主观规范可以成为直接影响 Facebook 持续使用意愿的因素,并增加了一个中介变量,即用户使用习惯。综上研究表明,虽然期望确认模型的适用性得到了学者们的广泛肯定,但学者依据不同研究对象,不断改变着模型中的影响因素,以构建更为合理的理论模型[2]。

技术接受模型是弗雷德·戴维斯(Fred D. Davis)在 1989 年提出的一个模型,他用理性行为理论研究用户对信息系统的接受程度。技术接受模型提出了两个主要决定因素:感知有用性和感知易用性,即用户感知使用是否便利从而转移到对平台的接受,而融合技术接受模型的因素来探究网络媒介的影响因素目前逐渐受到关注。

基于期望确认理论和技术接受模型,有学者提出期望—接受模型来分析用户继续使用信息系统的趋势。两者相结合后认为该模型主要包括四个主要变量,包括持续使用意愿、满意度、确认和感知有用性[2]。基于此,研究者认为用户对某项技术的满意度和感知有用性决定了用户对该技术的持续使用意愿。

基于该理论模型提出以下假设。

假设 1:用户对知识服务短视频的话题类别的感知有用性,会正向影响其对该平台的满意度。

假设 2:用户对短视频画幅设置与内心期望水平,会正向影响其对该平台的满意度[3]。

在互联网信息碎片化的当下,网络用户的注意力极度匮乏,他们对于事物的关注往往不可能存在持久性,部分学者依据接受模型研究表明时长较短的视频相对而言更易流行,因而提出以下假设。

假设 3:用户对知识服务短视频时长,会负向影响其对该平台的满意度。

2. 情感交互阅读体验

美国心理学家阿尔伯特·班杜拉(Albert Bandura)最早提出自我效能感(Self-efficacy)概念,在认知心理学引起了轰动,从而引发了在线阅读的自我效能感概念。用户自己使用互联网等交流工具完成在线学习,并对阅读能力进行主观判断,这一过程对在线学习效果有着直接影响[4]。用户选择阅读一方面是获取知识,另一方面是寻求一种自我的认知,"樊登读书"抖音号内容以简短的形式将书的核心主旨提供给用户,对用户提升自我效能感和自我认知有极大帮助。在用户观看视频的这一行为中,个人经验、兴趣爱好以及成长环境、年龄、性别等因素会对其产生影响,乔纳森·H. 特纳(Jonathan H. Turner)在人类情感研究中提到，个人情感因素是影响用户行为的根本性因素，基于此，我们把情感因素也作为用户视角中的一个重要因素，做出假设。

假设4：用户在知识短视频中的情感体验，具有更好的用户影响力和黏性（见图1）。

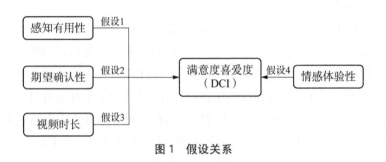

图1 假设关系

二、研究方法

1. 数据选取

本文选取"樊登读书"抖音号中所发布的短视频作为数据来源。该账号目前已积累了949.1万粉丝，获得3152.2万赞。从账号创建到研究时止共发布2319个作品，我们共采集了账号2021年8月1日至2022年8月1日内一年间发布的所有视频，共计221条。具体采集内容包括视频描述信息、视频类别，也包括视频点赞量、转发量、评论数等。

2. 研究变量

1）视频描述信息

对于所统计的221条视频来说，在抖音短视频的描述信息中，视频标题的内容、视频时长以及视频画幅的横屏还是竖屏决定了视频的呈现效果，同时视频时长也决定了用户是否持续观看此内容，也决定着短视频的完播率[4]。

2）视频类别

本文按照近一年来统计的"樊登读书"短视频内容，结合视频内容以及标题文字和注解，将视频人工分为五类，即真实案例类、情感类、亲子家庭类、个人成长类、人文类。真实案例类主要以樊登介绍日常生活中所发生的真实案例为主推荐书籍或解决问题；情感类是以情感指导、情感疏通为主的知识服务；亲子家庭类主要是孩子与父母之间的关系维护，推荐育儿类的书籍；个人成长类多推荐励志、个人发展的书籍；人文类主要推荐一些古籍解读、文学话题、古诗古词等。

3）视频传播热度值

目前在互联网平台中均会采用"热度值"来计算内容的受欢迎程度及影响力，就短视频而言，用户的交互行为，比如点赞、转发、评论所产生的数值能够直接反映该视频的影响力。抖音号传播力指数（DCI）通过对抖音账号发布的短视频在数量、互动状况、覆盖程度方面来综合表现抖音号的传播影响力。本文借用发布指数、互动指数、覆盖指数三个维度进行考察,互动指数采用点赞数、评论数、转发数权重及标准化处理方式如表1所示,即DCI=点赞数×0.17+评论数×0.37+转发数×0.46,该指数可以直接反映用户参与度的高低,体现视频的传播热度值。

表1 抖音传播热度各指数权重

一级指标	二级指标	标准化	权重
发布指数 (10%)	新增作品数×1	ln(X1+1)	100%
互动指数 (76%)	点赞数×2	ln(X2+1)	17%
	评论数×3	ln(X3+1)	37%
	转发数×4	ln(X4+1)	46%
覆盖指数 (14%)	新增粉丝数×5	ln(X5+1)	11%
	总粉丝数×6	ln(X6+1)	89%

三、研究过程及分析

1. 相关描述性分析

1)视频时长分布

描述性统计结果显示,视频时长在1分钟以内的数量最多,而集中在10～30秒的视频分布密集,抖音数据调查显示,视频的完播率代表着用户是否能够持续收看内容,而15秒左右的短视频用户会更有耐心看完,"樊登读书"短视频播放时长符合用户的视觉观看习惯。

2)视频类别分析

将数据导入SPSS进行描述统计频率分析,对221条视频进行人工分类,"个人成长类"短视频最多,占34.8%,"情感类"占29.4%,"亲子家庭类"占15.3%,"真实案例类"占11.8%,"人文类"占7.7%。"樊登读书"在内容设置上主要为大家推荐好书,阅读排名最高的类别也是个人励志、发展等书籍,因而短视频推荐中情感倾向多在于个人成长启发也不难理解。

3)视频热度分析

本文依据抖音号传播力指数计算公式,通过对"点赞数""转发数""评论数"的综合考量计算出热度值排前十位的短视频。前十中有4条属于个人成长类,5条属于情感类,"樊登读书"的定位在于让用户了解更多的知识,阅读的目的是先获取知识,将书籍内容提炼出来提供给用户,这将更有利于提高用户的自我效能感和自我意识。人们在生活中也更能够关注个人提升和情感因素的内容,因而从视频热度反映出来[5]。而纵观前三名的视频标题"缺爱的人容易乱花钱""卑微的爱情注定没有结果""不能让自己成为无法被爱的人"所体现出的话题是关于情感、个人性格以及情绪认知,也是目前社会学以及心理学所关注的热点问题，因此可以看出短视频内容中精炼的语句，能够激发用户共鸣，产生了更好的传播热度（见表2）。

表2　"樊登读书"抖音热度前10

视频名称	视频类别	点赞数	转发数	评论数	DCI
缺爱的人容易乱花钱	个人成长类	114 000	25 000	2 840	31 930.80
卑微的爱情注定没有结果	情感类	124 000	9 757	1 128	25 985.58
不能让自己成为无法被爱的人	情感类	111 000	12 000	2 087	25 162.19
上天对每个人都是公平的	个人成长类	70 000	13 000	835	18 188.95
把自己活好，钱会来，朋友也会来	个人成长类	57 000	12 000	657	15 453.09
女人这辈子最大的敌人是谁？	情感类	32 000	13 000	2 154	12 216.98
元宵节才是中国的情人节	人文类	30 000	14 000	1 570	12 120.90
什么是真正的爱情？	情感类	31 000	13 000	366	11 385.42
遇到太关心你的男人，一定要小心！	情感类	44 000	5 662	982	10 447.86
熬过无人问津的日子才有诗和远方	个人成长类	34 000	7 333	266	9 251.60

2. 短视频影响力分析

1）视频时长对于用户参与度影响的分析

在SPSS中进行单因素方差分析，$F=0.834$，$p=0.801>0.05$，说明不同视频时长对于视频热度即用户参与度不存在显著影响。即不同的视频时长所对应的视频热度之间差异不显著，因而可以初步证明假设3不成立。由于短视频的自身形态原因，"樊登读书"抖音号绝大部分视频长度集中在1分钟以内，有88条集中在15秒，微小的时间变化对于用户观看体验来说区别并不明显。

2）视频画幅对于用户参与度影响的分析

在SPSS中进行单因素方差分析，$F=0.363$，$p=0.548>0.05$，说明视频横屏或者竖屏对于视频热度即用户参与度不存在显著影响，证明假设2不成立。由于"樊登读书"是通过向用户传达书籍内容，用户关注的是内容层面，因而视频画幅和观看舒适度不存在较大的影响。

3）视频类别对于用户参与度影响的分析

在SPSS中进行单因素方差分析，视频类别各个类型之间的 $F=1.146$，$p=0.336>0.05$，说明不同话题类别对于视频热度即用户参与度不存在显著影响。在方差齐性检验中显著性为 $0.027<0.05$，说明基于平均值的方差齐性为不齐。因而可以表明不同的话题类别对视频热度不存在明显差异。通过分析计算可得出，情感类和个人成长类的热度高于其他三类视频热度的均值，但关于话题类别后续的细分对视频热度是否存在影响还有待进一

步验证。

4）用户参与影响因素分析

通过 SPSS 对数据进行线性回归分析，以热度值为因变量，以视频时长、视频横竖屏、视频类别作为自变量，来判断影响 DCI 的因素相关性。总体分析可知视频类别 $t=2.001$，$p=0.047<0.05$，说明此线性回归模型显著，即该模型中自变量对因变量有显著预测作用。

依次来看可知，视频时长的 $t=0.288$，$p=0.774>0.05$ 表明视频时长对视频热度的影响不显著，但存在正向影响。视频的横竖屏 $t=-0.604$，$p=0.546>0.05$，表明视频横竖屏对视频热度的影响不显著，但存在负向影响，即竖屏形式用户相对更加喜欢。视频类别的 $t=0.547$，$p=0.585>0.05$，表明视频类别对视频热度的影响不显著，但存在正向影响，即用户对知识服务短视频的话题类别的感知有用性，会正向影响其对该平台的满意度，假设 1 成立。

根据统计数据分析可知，用户对知识服务短视频话题类别的感知有用性将正向影响其对平台自我认知的满意度，不同内容虽然对视频热度的影响不大，但不同类别的数量和关注人数可反映出用户对平台某类内容的满意度，即假设 1 成立。视频画幅对于用户使用满意度影响不大，用户更关注内容本身价值，即假设 2 不成立。视频时长对用户观看满意度影响并不大，即假设 3 不成立。通过视频热度 top10 分析以及其他检验结果可知，"樊登读书"自身的定位较符合用户情感需求，因而假设 4 成立。

四、结论与反思

本文从"樊登读书"抖音号入手探讨目前知识服务短视频在受众群体中的影响力。依托于期望—接受理论模型和情感体验模型构建出整个研究框架。通过对"樊登读书"的内容指标、热度指标（点赞量，转发量，评论量）、形态指标等进行描述性分析后，得知在视频类别中用户更加倾向于"个人成长"以及"情感"内容标签的短视频，而视频时长、视频横竖屏形式对于用户收看该短视频不具有显著影响。研究发现由于用户更加倾向于内容的吸引力，从而影响其在短视频平台的热度，内容推动情感的倾向性变化十分显著，这也证实了知识服务类的短视频是否能赢得持续性关注在于是否提供相应的情感价值和需求。

因而本文重要的结论在于把用户情感倾向作为用户是否持续使用平台的中介因素，有利于更好地推动知识服务短视频的内容生产。有些用户喜欢个人沉浸阅读，有的用户喜欢将内容分享或评论，在圈子中找到精神契合的同类人。随着时间的变化，用户的在线阅读情感发生变化，其中所包含的人际口碑传播和群体效应也可以强化他们的情绪。

从研究方法上来看，本文主要以量化分析为主，从实证的角度解析此类短视频持续使用的效果还存在片面性，后续研究应结合问卷和访谈做进一步的深化。从研究对象来看，本次选取的"樊登读书"仅仅是知识服务类短视频的代表，选取的几百条短视频内容也具有随机性，数据使用以及研究范围还有待扩大。对于知识服务内容的优化来看，用户使用习惯，横屏竖屏对此内容类别影响不大，内容长度设置依据用户最适宜观看的时长，而对于内容类别的垂直细分,本次仅分为五大类,存在一定的片面性和主观性,后续研究还有待加强。

参考文献

[1] 清博指数.抖音号传播力指数 DCI(V1.0)[EB/OL](2019 - 10 - 25)[2021 - 03 - 24]. http://www.gsdata.cn/site/usage-16.

[2] 张大伟,陈彦馨,王敏.期望与确认:短视频平台持续使用影响因素初探——基于 SEM 与 fsQCA 的研究[J]. 现代传播(中国传媒大学学报),2020,42(8):133 - 140

[3] 喻国明,杨颖兮.横竖屏视频传播感知效果的检测模型——从理论原理到分析框架与指标体系[J]. 新闻界,2019(5):11 - 19.

[4] 陶海峰,宋礼秀.用户体验视角下数字阅读平台交互性研究——以樊登读书 App 为例[J].新媒体研究,2020,6(17):1 - 3.

[5] 丛挺,魏林,钱诚凌.知识短视频用户参与度研究——以"扇贝每日英语"抖音号为例[J].未来传播,2021,28(1):63 - 71+122.

媒介演进中的广告"透明化"运动

——兼谈元宇宙环境中广告传播的伦理隐忧

皇甫晓涛①

【摘　要】 广告自诞生之日起就内含两个方向上的"透明化"进程,一是广告自身要求的"自然化、生活化"的内在进程,二是社会要求广告运作公开、透明,符合社会伦理道德的外在进程。媒介技术的发展同时为两种进程提供渠道、手段和平台,促进两个"透明化"进程在广告传播实践中的逐渐统一:一方面,技术的不断进步提高了社会治理水平,不断削减"技术黑箱"的作用范围,使广告生产与传播不断趋于透明化;另一方面,技术与媒介结合导致媒介化社会,技术空间逐渐与现实空间叠加、复制、映射,沉浸传播环境中广告与人、技术、环境融合,与广告共存变成用户的生活方式和惯习;广告传播在越来越"透明"的同时完成了极致的"隐藏",无处不在又无法感知。也需警惕技术高速发展下过度沉浸让用户陷入"沉浸黑洞"的危险:当沉浸变成真实,真实就变成了虚无,人在过度沉浸中再次失去自身。

【关键词】 广告透明化;传播技术;元宇宙;伦理隐忧

一般意义上的广告透明化是指广告交易中的投放透明、结算透明、数据透明这三点,投放透明是从广告创意的生成、媒体采买到投放、展示、点击、转化,整个流程透明;结算透明是创意、媒体、技术、数据、监测等供应链成本和收费模式清晰、透明,可审计,具备规范的记录;数据透明是数据来源、使用和回传的透明,其中涉及投放方数据、媒体数据,以及监测方数据等。与广告透明相对应的是广告传播黑箱,在智能媒体时代表现为算法黑箱。黑箱是一种隐喻,指代"那些不为人知、不能从外部直接观察其内部状态的政策、技术与管理系统"[1],从概念上来看,算法黑箱是算法系统从输入到输出之间的不公开和不透明状态[2]。就其本质而言,算法黑箱是算法产品的使用者对算法系统的不知情,由此引申出算法设计者与所有者在算法传播中的特权。在智能广告传播中,由算法导致的信息技术伦理已经成为广告伦理的核心,使传统广告以社会伦理为基础的分析框架不得不向智能媒介时代以信息伦理为基础的分析框架转移[3]。在这个意义上,广告"透明化"指的是广告传播过程中的数据收集、广告发布(推荐)、广告效果反馈等一系列流程都能做到公正、合理,符合社会伦理规范,处在社会监督之下。广告的"透明"还可以理解为另一层意义,即由于广告(主要指

---

① 上海交通大学媒体与传播学院新闻与传播系助理研究员。

商业广告）的功利性和市场的竞争性，广告为了缓解与用户之间的对立关系而进行的"非广告化"努力，使广告变得像空气一样，既无处不在又不为人知，广告与用户、环境等达到了完全意义上的融合。广告大师奥格威曾说过，广告佳作是在不引起公众注意的情况下，自己就把产品推销掉的作品[4]。因此自从现代广告出现以来，广告的内在属性要求其要不断让自身变得"生活化""自然化"，通过各种各样的手段让自身融入人、社会场景、环境以及文本的上下语境中。从目的上来讲，这两种对广告透明化的理解是矛盾的，一般意义上的透明化代表的是"过程显化"，另外一层意义则是"全面隐藏"。从辩证法的角度看，极度的显化就是隐藏，而极度的隐藏即为显化，两者在一定条件下可以相互转化。而在漫长的传播史中，传播技术的发展为这种转化提供必要条件：技术既可以让广告传播愈加"温柔"，也可以让广告生产更加公正。当今社会，新媒介技术促生了"节点化、碎片化、网络化、赛博格化"的人，但媒介技术本身创设的虚拟空间或半真实空间（元宇宙空间）又将这些碎片化的人、技术、信息等融合起来，并对此前人与人之间的关系进行了重构，逐渐迈向唐·伊德（Don Inde）意义上的"技术化的人"；信息传播演变成泛在的、沉浸的传播，狭义的广告传播消失在流动的、融合性的、无视时空的沉浸传播环境中。

本文以传播技术演进为逻辑主线，通过探讨广告在不同技术环境下的"透明化"努力及其产生的结果，引出智能技术环境特别是未来元宇宙技术环境下广告传播的特点、人与广告的关系及新的广告伦理问题。文章认为，广告的"透明化"进程是广告本身内在属性规定，传播媒介技术为广告的这一进程提供技术和媒介支持；广告伦理在智能媒介特别是元宇宙时代变得复杂、深邃，既延续传统广告传播的社会伦理，也创生新的传播技术伦理、媒介伦理；广告传播正在新技术下从不断分裂中走向统一，新的传播场域、空间和环境正在形成，技术时空与现实时空从平行走向交叉、交叠、互补，人、媒介技术、广告传播、社会发展及其之间的动力关系结构正在被改写，以狭义的广告概念为基础的传统广告传播活动让位于广义的广告概念下支持的泛在的、无视时空限制的沉浸传播活动，同时也催生了新的需要警惕的伦理隐忧。

一、传统媒介技术环境下广告"透明化"进程

元宇宙技术又更新了人们对于"新媒体"概念的认识，曾经的"新媒体"将逐渐被归入"旧媒体"行列。这里的传统媒介技术是一个泛指的概念，指智能媒介技术特别是元宇宙技术之前的一切媒介技术时代。本部分从广告的原始口传时代开始，解析现代印刷媒介技术时代、电子信息时代、互联网媒介时代和智能媒介初始阶段广告的"非广告化"努力及其产生的结果。

1. 广告的概念以及从原始口传时代到现代印刷媒介时代广告的"非广告化"尝试

西方的广告概念来自拉丁文 Adverture，其本意是"引人注意"，后引申为"使某人注意某事""让众人知道某事"。汉字意义上的广告意为"广而告之"，向公众宣告某事或某信息。中国大百科全书出版社出版的《简明不列颠百科全书》对广告的定义是"传播信息的一种方

式,目的在于推销商品、劳务、影响舆论,博得政治上的支持,推进一种事业,或引起广告刊登者所希望的其他反应……广告不同于其他传递信息的形式。它必须有广告刊登者付给传播信息的媒介人以一定的报酬"。该界定规定了广告的信息传播功能、经济功能、舆论功能、政治功能等。从概念可以看出,广告(这里主要指商业广告)是一种有目的有计划的商业信息传播活动和手段,其目的主要是劝服消费者认同所展示或宣传商品的形象、功用或价值并产生购买行为,是社会生产和社会消费之间的主要桥梁,促进经济交换。随着社会生产力的发展,社会产品逐渐丰富,生产与消费之间出现不平衡状况,挖掘和创造消费者潜在需求成为广告的主要任务。在广告的"非广告化"过程中,传播技术(媒介技术)的发展为其提供了必不可少的支持。

原始广告时期,印刷术还没有发明,广告信息无法大量复制,广告吸引注意力的手段只能通过有限范围内的具有明显特点的叫卖声,手工抄写用的书法、字体,商品陈列的风格,店铺名称及标牌的醒目性,门口用于宣传的彩旗的颜色、款式、设计等,且会受到当时风俗文化环境的影响。印刷媒介时代报纸的出现大大拓宽了广告信息的传播渠道,信息的可复制性以及市民社会逐渐形成出现的哈贝马斯意义上的公共空间,为广告信息的传播提供了阶层和空间场所支持。1850—1911 年的媒介大众化时期,世界著名报纸诸如英国《泰晤士报》、美国《纽约时报》、东京《朝日新闻》等的主要收入都来源于广告,报刊广告的大众化进程逐步推进。在这一阶段,广告的位置、版面、信息内容等成为吸引消费者的主要因素。报纸显要位置的广告总比隐藏在角落里或夹缝的广告更容易引人注意,同理,具有产品图片或形象设计的广告比文字介绍更具有吸引力等等。在这一阶段,广告主和学者共同感兴趣的对象是什么样的广告更能吸引顾客的注意力。在这一需求的催动下,学术界关于消费者心理的研究促成了广告心理学的诞生。1895 年,美国明尼苏达大学心理实验室的哈洛·盖尔(Harlow Gale)运用问卷法关于消费者对广告及广告商品的态度和看法的调查开辟了消费者广告心理研究的先河,随后美国西北大学心理学家沃尔特·D. 斯科特(Walter D. Scott)对广告心理学进行了长达 20 多年的持续研究,先后出版和发表了《广告理论》(1903)、《广告心理学》(1908)、《广告心理学的理论和实际》(1921)、《影响工业中的人:论证和暗示的心理学》(1923)等专著和论文,奠定了广告心理学的基础。他系统地列举了能在印刷媒介上运用有关心理学的原理,包括知觉、想象、联想、记忆、情绪、暗示、错觉等心理要素,特别强调情绪的感染力在广告吸引力上的价值。与此同时,哈佛大学雨果·芒斯特伯格(Hugo Munsterberg)等心理学家一系列关于广告面积、色彩、文字运用、排版设计、插图位置等广告要素与消费者注意力流向关系的研究也为专业广告公司和广告主的广告实践提供了理论支持。大部分广告公司成立了广告设计部门,或把广告设计作为核心任务对待。这些早期的研究,基于印刷技术及现代设计思想的雏形,"目的是服务于以生产者为中心的卖方市场,其特点是单向的,指向于推销中的心理活动"。一战后社会生产的恢复和竞争的加剧使得广告主与消费者之间的博弈变得激烈,广告主与专业广告公司不得不挖空心思刺激消费者,挖掘和创造消费者的潜在需求,由此引发社会对广告销售的伦理批评和各类抵制运动。

20世纪早期的媒介大众化时期，不道德的广告引起了各方面的重视和批评，这种不道德主要表现在广告信息不完整、真假掺半，激发消费者的贪婪和自私，破坏社会道德和群体合作精神，鼓励人们怀疑传统智慧和不遵守现实规则，最后，广告促成了人们对生活的刻板印象——广告所宣传的总是那些精英消费者的形象，实际上某些需求超出了普通大众的基本需求，这让大众对理想生活和自身生活状态产生错误认知，进而可能激发社会对立和冲突。

2. 电子信息化到网络广告诞生初期的广告"非广告化"尝试

广告的最终目的是促进销售并从中收取回报，因此为了提升销售效果，减少与社会伦理道德的冲突，不断地将自身"非广告化"是广告本质属性的潜在要求——淡化与客户及受众之间的对立关系，让购买变成一种发自消费者内心深处的、自愿的甚至是求之不得的行为。"二战"后广告发展进入了行业化时期，这一时期突出的特征是经济的繁荣和传播科技的迅速发展，广播、电视、电影、摄像、卫星通信、电子计算机和通信设备的制造和广泛应用将现代广告带入电子技术时代，社会商品生产从卖方市场转向以消费者为中心的买方市场，电视广告成为广告传播行业的突出代表。业界和学界不得不转向对消费者本身的研究。20世纪40年代，美国学者欧内斯特·迪希特（Ernest Dichter）革新了广告调查的直接询问法，用投射测验技术了解消费者的深层动机；50年代，加利福尼亚大学M·海尔（M. Hair）通过对消费者不愿购买速溶咖啡深层心理动机的研究，修正了相关广告的主题和策略，美国广告研究基金会公布的数据显示，海尔的这一研究成果被80多家商业机构购买。在广告实践领域，五六十年代美国麦迪逊大道的广告大师伯恩巴克、奥格威和瑞夫斯等均把广告设计的目标指向用户的心理需求。伯恩巴克的ROI理论指出，并非具有艺术想象力的作品就是聪明的广告作品，只有与受众的知识经验领域以及消费者的需要具有高度相关性（relevance）、原创性的（originality）同时又具有震撼效果（impact）的广告符号及内容才能成功吸引消费者的注意。奥格威执着地把广告相关产品的品牌形象（brand image）植入消费者的内心，拓展了广告的功能——消费者购买的不仅仅是产品，更是与产品质量、历史、价格相关的品牌形象和品牌价值。瑞夫斯USP理论更直接，广告销售理念必须"独特"（unique），这种独特与广告产品的特殊功效、品牌精髓等相关。艾·里斯（Al Ries）和杰克·特劳特（Jack Trout）的定位理论认为，广告投放之前必须先对客户及潜在客户的心智进行全面了解，定位理论就是将产品及其价值定位在潜在客户的心中。与此同时，传播技术开始将广告用户牢牢绑定，电视将视觉形象和听觉结合在一起的手段迷倒了社会大众，按照尼尔·波兹曼的描述，在那个阶段，"人们都成了电视机前的土豆"。借助电视的普及率，广告传播的效率、覆盖面都得到了大幅度的提升。

同时，新的广告伦理问题也产生了。由于传播渠道的增多，电视节目的单向强制性播放，再加上广告设计者对新的信息技术的使用还处于适应阶段，导致电视中的垃圾广告逐渐增多，且电视节目播放过程中的随意插播对用户观看体验带来了极大干扰，广告的"非广告化"运动在新的媒介技术普及的初始阶段呈现出倒退的现象。随着广告设计者对新媒介技术运用的日渐熟悉，以及对电影电视这一广告环境的更加深入的了解，植入广告开始作为广告"非广告化"运动在电子信息时代兴起。"植入式广告"（product placement），是随着电影、电视、游戏等的发展而兴起的一种广告形式，它是指在影视剧情、游戏中刻意插入商家的产品或服务，以达到潜移默化的宣传效果。由于受众对广告有天生的抵触心理，把商品融入这些娱乐方式的做法往往比硬性推销的效果好得多。

如果说植入式广告是电子信息时代广告在"非广告化"运动过程中对"插入式广告"给观众带来负面体验的补救和改进，那么原生广告（native advertising）则是网络时代广告"非广告化"进程的推进。20世纪末，网络广告开始出现，广告传播借助网络新媒介打破了时空限制，传统广告的单向强制传播时代结束，互动广告时代来临，广告与用户的紧张对立关系在一定程度上得到缓解。同样，网络广告不但没有将广告"非广告化"进一步推向前进，广告主还借用网络技术手段对广告用户实行欺诈点击、色情诱导、隐私窥探，对同行展开不正当竞争并借助网络监管漏洞逃避伦理和法律责任。"原生广告并不是某一种特定的广告形式，它包含能够将品牌内容融入用户使用体验的各种广告类型，是一种能够指导广告实践的理念……所谓的原生化理念，就是通过融入用户体验，使品牌化内容成为对消费者有价值的信息"，原生广告内容能融入用户体验，与用户需求高度相关，为用户带来乐趣，更精准地指向个人。网络广告中常见的原生广告有信息流广告、行为定向广告、地理位置定向广告、付费搜索广告、品牌定制内容、推荐列表等，当前，也有一些广告商通过赞助娱乐影视，由参与影视节目的明星在合适的时机进行人性化推介，这也应该属于原生广告的一种。如果说打断播出的电视广告是"闯入模式"，变身道具的植入广告是"隐入模式"，那么力求不破坏受众阅听体验的原生广告就是"融入模式"。原生广告是互动广告的升级，避免了传统展示性广告的闯入感和无关性，减少了由此引发的认知负担和负面情绪。但是，无论是以新闻或专题形式出现的企业赞助内容，还是融入信息流的广告文本、交易链接、推荐列表，抑或是搜索引擎的竞价排名，原生广告的"融入模式"通常会产生广告披露不完全、劝服意图不易识别、侵犯用户隐私、滥用社交关系等问题，为智能广告时代广告的"非广告化"进程及其产生的新的技术和媒介伦理冲突开辟了通道。

3. 智能媒介环境下广告对消费者的"动态包裹"和"精准感知"

智能广告是以Web 3.0为平台，以人工智能等技术为支撑的一系列广告形态，这些形态共同的本质是针对用户接触媒体的习惯做出简单的分析归纳、推理判断，进而合理地安排广告发布方式，解决传统广告所无法解决的定向、精准、高效的问题。这些具有简单推理判断能力的广告形态，称为智能广告。简单地说，智能广告就是以人工智能为技术基础所形成的，区别于过去以人的脑力为基础所形成的广告形态，即传统的广告活动的每个阶段都被人工智能技术取代，比如广告调查改成消费者的智能洞察，广告策划创作被程序化智能创意替代，广告投放被程序购买的自动智能投放取代，效果反馈被即时化的广告智能应对取代。智能广告并没有打破传统广告活动的基本内容、逻辑顺序和实践序列，而是对这个流程进行了颠覆性升级——线性流程变成了动态闭环流程。智能广告的"非广告化"进程主要通过智能技术对消费者实现了广告的"动态包裹"和"精准感知"。

动态包裹是指人工智能广告在空间和时间上对消费者视听和认知的全包围，按照学者蔡立媛的解释,就是 Web 1.0 技术下搜索引擎广告的海量信息包围、Web 2.0 技术下社交空间内消费者的参与式体验以及 Web 3.0 技术下个性定制广告对人的隐私的精准探秘。海量信息让消费者避无可避,参与式社交为广告的沉浸传播开辟了空间和创造了条件,精准探秘逐渐将消费者送进一个个互相隔离又封闭的信息茧房。

智能广告的"非广告化"运动首先是在传播过程及外部市场环境中淡化和隐藏广告的本体。在传播过程方面,智能广告以人工智能技术、大数据技术、算法技术等为支撑,制造了无处不在的沉浸传播环境。所谓沉浸传播,是以人为中心、以连接了所有媒介形态的人类大环境为媒介而实现的无时不在、无所不能、无处不在的传播。它是使一个人完全专注的,也完全专注于个人的动态定制的传播过程。它所实现的理想传播效果是让人看不到、摸不到也感觉不到的超时空泛在体验。互联网、物联网、大数据及人工智能技术为广告的泛在传播提供了技术条件和平台支持,将"遥在""现在"和"泛在"结合起来,传统广告传播对单一感官的刺激变成了多种感官的沉浸包围,使消费者无法发现自身随时随地被媒介信息所包裹,每一时刻都在无意识地接受泛在媒介提供的信息。信息成为一种环境通过传播技术将消费者包围,对消费者进行从感官到内心深处的渗透。在外部市场环境中,智能技术颠覆性地升级了传统广告的业务流程,重构了传统广告传播的市场主体结构。在智能广告传播环境下,市场主体向多元化、综合化、边界模糊化发展,业务、经营与竞争互相交叉,用户调查、广告创作、广告投放和效果反馈在一瞬间完成,减少了传统广告主及广告创意人员与消费者的直接接触,将广告传播从平面传播升级为立体传播,形成了智能广告传播的新的生态体系。

要实现这种无声无息的包裹和渗透,除了无所不在的信息包围外,信息本身与消费者需求的契合度依然至关重要。传统广告传播中,针对消费者的调查是通过人工进行的,调查范围和内容相对有限,对消费者的感知和了解不够,因此存在着传播的非精准化问题,引发受众逆向选择,造成"信息配置失效,社会资源浪费,社会效益和社会福利降低"。在非精准化传播环境下,人工智能技术创造的沉浸式交互体验浪费了消费者的时间,将消费者带入非真实的空间内,恶俗、媚俗等暗示、勾引性广告自动弹出,刺激消费者感官,使消费者陷入广告伪情景内不能自拔。智能广告的人性化体现在广告信息围绕消费者的需求进行,用智能技术手段进一步推进媒介大众化时代对消费者心智的洞察进程。在智能广告的消费者洞察中,数据管理平台(DMP)不断整合消费者人口学资料、行为信息和偏好倾向,预测消费者网络生活方式的偏好和需求,形成"用户画像",智能创作系统据此生成针对不同消费者的个性化广告,依据情景感知技术(context awareness)对消费者进行不同时段不同场景的差异化投放,带来私人定制般的信息服务体验;效果优化阶段,智能优化系统根据每个消费者的浏览、点击和转化情况进行效果智能评估和应对,从某种程度上讲,智能广告与消费者的需求匹配更精准,更加人性化。

智能广告传播使"广告催眠术"发挥到了极致——从有意识到无意识,从主动到自动,也让广告的"非广告化"努力取得了丰硕成果:广告已经不单单是一种商业活动,而是变成了一种潜在生活环境之中的生活方式,在业界和学界,大广告(营销与宣传意义上的广告)

概念开始盛行,商业广告概念逐渐消失,广告信息逐渐融入新闻、娱乐、影视、动画、游戏,以各种流行符号充斥人们的生活空间。在智能媒介环境下,人、技术、媒介与社会的关系被重新构建,广告概念与形式的内涵和外延被改写和拓展;传统人与技术之间的关系纠葛表现为人自身的感性和理性的纠葛(技术被视为理性的外化物),智能媒介时代这一关系转变为碳基智慧和硅基智慧的主体性之辨,人与技术前所未有地融合衍生出"技术化的人"的概念和虚拟的媒介化环境,媒介从平面发展到立体多面,广告的表现形态从 2D 转向 3D,场景式营销极大提升了消费者接触广告时的沉浸体验,广告的无处不在与善解人意给消费者以广告消失的错觉。

二、元宇宙空间中广告传播新场域及广告的"透明化"

2021 年扎克伯格将 Facebook 改名为 Meta 以来,元宇宙概念被热炒。尽管元宇宙是否为互联网的尽头还存在争议,但其创想却引发了未来传播的无限想象空间,将人与技术、人与媒介的关系带入了一个新的时代,同时也在印证了社会学、心理学、传播学、信息科学中的一些曾经有过的概念和理论。比如社会学和心理学之中的社会场域、文化场域和心理场域,传播学中的拟态环境、媒介化环境、媒介化社会三位一体空间说,信息科学中的复杂系统论等思想。元宇宙的到来,昭示着技术已将世界整合进一个统一的系统之中,思考和理解世界的方法论已经不能仅仅局限于单个学科的视角和视野,超越传统主体主义哲学的思维高度的系统分析方法显得越来越重要。在概念上,元宇宙空间超越了传统互联网创设的"赛博空间",将"赛博空间"中缺位的身体以及现实空间与元宇宙空间联系起来,空间概念被强化,虚拟空间与现实空间之间的对应、映射关系也变得直接。数字孪生就是元宇宙空间与现实空间的一种典型关系。孪生空间意味着将自然实体(物理)空间的元素、关系、过程和格局映射到虚拟空间,从而建构起对自然实体空间进行模拟、仿真、重构、调控和优化等智能化操控的数字空间。空间表征着一定的生活方式、状态、氛围,人们对空间的向往,往往源于对它象征的生活的向往,某些时候,身体进入某一空间,也意味着生活目标的达成,元宇宙空间永在性、去中心化的基础架构特征将使其充满吸引力,它可以为社会各阶层找到进军其中的理由。当前一些管理者在设想未来的智慧城市,就是一个虚拟与现实交融的混合空间:根据数字孪生的概念,未来的城市将不仅仅是现实实体城市的复制和映射,而是会逐渐进化出智慧并最终成为一个承载人类物质世界、社会活动和集体心智的无限场域,这种场域将淡化乡村、城市的界限,将整个生活空间融合进一个交融的系统中。与赛博空间时代的电子键盘相比,当前的各种可穿戴设备和无处不在的传感器将人们从固定的空间中解放出来,越来越多的广告离开传统媒介走向生活的各个方面,以各种无所不包的形态嵌入、渗透进人们的生存空间,形成沉浸式包裹。在元宇宙中,广告的"非广告化"进程将呈现出如下特点:

1. 广告将与空间和时间融合,变成环境、场景和空气,无处不在,无时不在

广告与空间和时间的融合源于元宇宙时空的流动性。元宇宙的空间尽管与现实空间通过技术手段相连并互相映照,但其属于数字空间,具有虚拟性质,不具有现实空间的固定

性,而是因人而异,随意而动;元宇宙中的时间属于技术时间,用户既可以因技术使用让时间持续,与现实世界时间保持同步,也可以逆时间操作,对时间具有启停权力和能力。元宇宙空间传播具有很强的沉浸性,由于技术的不断升级,广告传播中消费者智能洞察将越来越精确,越来越"人性化",沉浸传播在元宇宙状态下发展到极致,借助虚拟现实及增强现实技术,用户对广告信息传播的沉浸将直接进入高级的"心流"体验过程,传统广告传播中用户与广告的情绪对立在这一刻将被彻底抹除,广告与消费者融为一体。

2. 广告与内容融合,广告消失,内容和符号呈现,广告概念的外延无限扩大

传统广告活动有明确的传播主体与客体,即使互联网技术提供了人人可参与生产的环境条件,但传统广告传播主客体仍没有消失,不过是广告传播的参与主体更加多样化,包括广告投放公司、广告创意公司、独立数据公司、专业广告技术公司、第三方监测公司、咨询公司、营销公司、公关公司等在内的多广告主体共同支撑起互联网时代的广告传播。在元宇宙空间交叠的泛在传播环境下,广告内容与形式、内容与用户、内容与渠道、用户与用户之间不再是之前简单的物理组合关系,而是有机融合在一起,广告随时随地被生产,随时随地在传播;广告不再追着消费者满街跑,而是静静地守候在消费者身边,随时达成消费者的任何潜在和显性需求。广义上的广告概念取代狭义上的广告概念,空间环境内一切信息的公共化发放都是广告行为,交易和交换的概念内涵突破了经济属性,信息交换和信息获取成为新的空间内广告传播的本质属性,广告真正实现了马克·威瑟(Mark Weiser)笔下的"安静的技术——安静地在消费者的周围,在消费者不知不觉中传递信息"。

3. 广告信息处于永远不停的流动之中

流动性首先表现在技术具身性。由于元宇宙状态下空间是技术的空间,环境是技术的环境,信息和技术融为一体,因此不管是广告实施者还是广告消费者都身处流动性的技术空间内,广告具有随时激活的特性,即时即永远,即时数据永远是最新的数据和咨讯,即时呈现永远发生。广告的技术具身性还表现为技术与现实的身体相连甚至相融,可穿戴设备在未来可能变成可植入设备。流动性其次表现为广告传播的共在性和依存性,没有特定的消费者,但每一个又是特定的消费者——每一条信息都是私人定制,每一条信息都是消费者的共创共享。此外,广告的流动性还表现为广告形态可任意变化,即广告不管是在现实生活场景还是虚拟空间都有无数动态的化身,因时因地因人因事而变,广告既可以是人,也可以是物,还可以是风景或其他事物,比如娱乐项目、新闻报道、纪录片、口号目标等,广告就是一个程序,一个生活的化身,一个收集信息和发布信息的传感器,广告就是生活环境与生活方式,尼葛洛庞帝1992年的预言在某种程度上成为现实,当代媒介技术研究学者关于"媒介化社会"与人的"媒介化生存"的研究也证实了这一点。

由此可见,元宇宙状态下的广告成功地隐匿了自己,并使自身变成消费者不可或缺的生活条件、环境与方式。元宇宙的开放性让所有信息的流动成为"广而告之",这时候,广告已经不再是广告,或者说生存本身就是广告,信息本身也是广告;广告变得不可察觉、不可寻找却又无处不在、无所不能,广告完成了另一个意义上的"透明化"——看不见摸不着却又存在的透明化,与通常意义上的"透明化"相互作用,带给人们元宇宙下对广告传播的媒

介化伦理、技术伦理和主体伦理风险的担忧。

三、结语及思考：元宇宙技术环境下广告传播的伦理隐忧

广告的潜在属性要求其自诞生之日起就努力实现"生活化""自然化"，以"非广告"的面目和内容达成"广告"的目的。在广告发展的各个阶段，广告创意者都会充分利用现有的传播技术来帮助广告实现此项目标。从原始广告时代特殊的口传方式、醒目的标牌风格、详细的产品内容呈现到印刷媒介时代对广告位置、版面设计、色彩风格、销售创意的刻意追求以及对消费者心理的重视，再到电子信息与互联网时代的消费者中心与网络互动，以及当前智能媒介时代的精准洞察和情景感知，广告在一步步借助传播技术朝着人性化、隐秘化、自然化发展。元宇宙时代，时空的流动性、开放性、交叠性带来了一切传播的沉浸性，信息传播变成了广义上的广告传播，广告传播的沉浸造就了广告与人、广告与内容、广告与技术以及信息在元宇宙混合空间内的融合，麦克卢汉对广告自然化的批评，"把广告从语境中剥离出来"的努力注定无法挡住广告自然化的脚步。

然而，就像每一次技术变革在促进广告传播效率提升的同时也会产生新的伦理问题一样，元宇宙数字孪生空间下广告传播也不可避免地存在重大的伦理隐忧。首先，另一种"广告透明化"——即广告的生活化、自然化的努力暗含着使广告逃避伦理责任的动机。印刷媒介时代对产品功能的夸大和可能导致的负面作用的掩盖，网络广告时代用色情广告等不当广告形式刺激消费而挑战社会伦理底线，大数据广告时代对消费者个人数据信息的强行占有和利用等均是此种动机在广告传播实践中的具体化。元宇宙空间与现实空间存在复制和映射关系，因此并不排除现实社会空间权力与阶层差异出现在其中的可能，传统广告传播出现的数据垄断以及资本控制现象在元宇宙空间内并不能排除，但传播技术带来的沉浸性与信息的隐匿性反而让用户更加无法了解资本和技术运作的秘密，造成传统广告传播的伦理风险在元宇宙时代进一步深化。其次，尽管元宇宙解决了赛博空间身体缺席的问题，但技术具身后的身体在多大程度上能够担当梅洛·庞蒂意义上的"世界肉身"以及伊德意义上的"技术的身体"？心、身与技术的连接是机械的物理组合还是身心融合意义上的有机结合？环境、技术、信息与人是协作关系还是主导、引导或诱导关系？麦克卢汉的经典问题——媒介技术在延伸人的身体器官的同时意味着对这些器官功能的截除在元宇宙时代是不是会走向极端，即技术或机器截除的不仅仅是身体功能，还包括大脑的功能？毕竟，已经有科学实验证明，技术的使用和依赖会影响人的记忆能力。这些问题，需要在后续的研究中进一步观察。最后，要警惕元宇宙中沉浸性黑洞的产生。就像广告的"透明化"运动所代表的两层意义——过度的透明即变成了隐藏，而如果刻意隐藏却并非无迹可寻一样，用户在广告创设的空间里过度沉浸就会使沉浸变成真实，当沉浸性发展到极端，体验无比真实，彻底的沉浸能够满足所有世俗世界的人所需要的现象需要、经验需要和感官需要。在全身沉浸性中，绝对的现实摧毁了它自身，走向绝对的虚无。如果这样的情形发生，也就意味着元宇宙中的沉浸会变成一个吞噬人们的"黑洞"，对此我们必须无比警惕。

参考文献

[1] Pasquale F. The black box society: the secret algorithms that control money and information [M]. Cambridge: Harvard University Press, 2015:1 - 8.

[2] Burrell J. How the machine "thinks": understanding opacity in machine learning algorithms [J]. Big data & society, 2015,3(1):1 - 12.

[3] 李名亮. 智能广告信息伦理风险与核心议题研究[J]. 新闻与传播评论,2020(1):76 - 84.

[4] 李沁. 媒介化生存:沉浸传播的理论与实践[M]. 北京:中国人民大学出版社,2019:219.

公开、沉浸、参与：基于增强现实的艾滋病防治创新策略探索

吴林蓉① 林泽峰② 曹博林③

【摘　要】 艾滋病作为一种被"污名化"的疾病，其防治干预方式要求私密性和多样化，以减少社会歧视和"艾滋病疲劳"的发生。随着新兴技术在日常生活中的覆盖，我们试图借此解决中国艾滋病防治的本土化问题，以探索前沿技术的社会价值。增强现实技术作为活跃在各大领域的前沿技术之一，在规避艾滋病"污名化"上可起到一定作用：它不仅为防艾议题的公开讨论和重构提供空间，也为大众提供沉浸、私密地参与防艾议题的机会。本文将探讨 AR 增强现实技术与艾滋病防治传播的适配性，探索当前增强现实在艾滋病防控领域的创新策略，为增强现实媒介在艾滋病防控领域的实践提供建设性参考。

【关键词】 艾滋病；污名化；增强现实

艾滋病具有致死率极高、终身感染且多途径传播的特性。据联合国艾滋病规划署(UNAIDS)[1]报告，2021 年有 65 万人死于艾滋病及其相关疾病，约 150 万人新发感染艾滋病病毒，比全球目标多出 100 万例。相比其他国家，中国在抗艾 40 余年间已取得重大成就——群众的艾滋病防治意识显著提升，输血传播基本阻断，防治服务体系和能力更为完善[2]。然而，艾滋病本身具有隐匿性，它伴随人口流动滋生和蔓延。在疾病之外，因为恐惧和无知导致的社会歧视和社会排斥比疾病本身更不可控，甚至阻碍了艾滋病的防治进程。与此同时，中国的艾滋病已发展到以性传播为主的阶段，性教育在青少年时期的缺位、谈"性"色变的社会氛围以及出于对艾滋病人群的保护也让防艾教育变得私密且隐晦。因此，艾滋病的"污名化"及严峻现状需要得到社会的广泛关注，国家和社会也需要探索更多符合当前实际的方法来解决这一问题。

为应对当前艾滋病"污名化"困境，公共卫生机构如疾病预防与控制中心(Centers for Disease Control and Prevention, CDC)提出，解决艾滋病"污名化"问题的方式就是公开讨论[3]，其中一个关键因素是找到一种新的方式来谈论它[4]。兼具互动性、创新性、沉浸性和私密性的增强现实技术的出现，不仅解决了上述的问题，同时也让艾滋病的话题以新的形

① 深圳大学传播学院硕士研究生。
② 深圳大学传播学院硕士研究生。
③ 深圳大学传播学院副教授。

式吸引大众的目光。从防艾知识科普到行为促进,AR技术都表现出了不错的潜力,然而由于技术难度较高,对内容创新需求较大,当前艾滋病防控领域对于AR技术的使用仍然没有普及。因此,本文将结合当前的艾滋病防治痛点,通过分析增强现实在艾滋病领域的应用案例,探讨增强现实在艾滋病防治领域的创新策略和价值,以期为艾滋病防治的实践提供建设性参考。

一、艾滋病防治瓶颈:污名化、回避与疲劳

1. 排斥、耻辱和歧视:艾滋病的污名化

跟其他国家一样,在中国,艾滋病自出现以来就被认为是一种耻辱性的疾病[5],早期的防艾政策引导也常常将"艾滋病"与"吸毒""卖淫"等字眼直接联系到一起[6],使受众容易将艾滋病理解为是一种"不道德的惩罚"。同时,艾滋病相关的"针刺""报复"的谣言也借此蔓延,煽动着受众的恐慌和怀疑的心理,引发了大众对艾滋病感染者的敌视和"信任危机"。当所有的矛头指向艾滋病感染者时,艾滋病感染者群从一开始就成了"他者",受到社会隔离和社会歧视,名誉或社会价值被动地受损。欧文·戈夫曼(Erving Goffman)则将这种"使得'受损的身份'的拥有者在其他人眼中丧失其社会信誉或社会价值,并因此遭受到排斥性回应的过程"称为"污名化"[7]。

"污名化"的后果则是将艾滋病道德化、群体化、种族化,进而影响防艾进程。对于非艾滋病感染者来说,"污名化"带来了恐惧和仇视的负面情绪体验,给予他们对外群体或艾滋病感染者的歧视和排斥;对于高危行为群体来说,他们会因害怕受到社会制裁而不愿检测,降低预防的积极性;对于已经感染艾滋病的人群来讲,他们容易将社会偏见内化成耻辱感,贬低自身价值,同时担心自己的行为改变造成非感染者的怀疑,继续其不安全的行为[8],换句话说,艾滋病的污名化导致了艾滋病防治干预的进程困难重重,我们亟须采取行动减少社会层面对艾滋病群体的负面制裁。公开讨论艾滋病可以帮助这个话题正常化,它还为纠正错误观念和帮助他人更多地了解艾滋病提供了机会。然而,促使受众公开讨论,大胆谈"艾",需要一个新的契机。

2. 回避和隐讳:国人"性脱敏"道阻且长

不同于国外的"性开放",对于中国的大众来讲,受传统思想的影响,对"性"的态度讳莫如深,往往会因为涉及"性"而回避艾滋病认知的问题,即使谈及,也会以较私密隐晦的方式引导,公开讨论的机会少之又少。当互联网中发布涉及艾滋病教育的作品时,为了通过审核,作品往往会以隐喻方式叙事。以互联网性科普博主夹性芝士的《同样是为爱鼓掌,为什么男男更容易摩擦生艾?》作品为例,为了能够合乎规范和受众接受度,该账号的视频制作不得不采用比喻和暗示的手法[9]。如该博主作品强调在性行为前需要了解对方的健康状况以防止感染艾滋病,却只能用"交换物品"来比喻,用"食物"表达体液,用"易损品"来表示高危行为。在现今中国环境下,这类教育难免带有隐晦色彩,这是客观实际。因此,要提高这类教育的公开性和透明度,须循序渐进,不能一味强求。只有在群众意识逐渐开放,社会

环境也随之转变的情况下，这种状况才有望改观。总的来说，关于艾滋病科普的表达形式需要更委婉，以免给人"过于开放"的感觉，这也将使科普内容更容易被主流群体接受和理解。

此外，私密性在艾滋病感染者和病毒携带者中也是刚需。尽管当前社会各界不断加大力度宣传，但在艾滋病污名化的社会环境下，公众对艾滋病和相关群体仍然有偏见，导致很多艾滋病病毒携带者、艾滋病感染者低调生活，降低隐私泄露带来的社会排斥的风险。这种相对宽松的环境有利于已经发现的感染者理性面对疾病，正视自我价值，减少社会危害性；对于存在高危行为的人群来说，也有利于提升该人群自检的积极性和勇气，提高生命质量。

目前我国仍处于平衡公开讨论及保证私密性的"性脱敏"关键时期。不论是对大众还是艾滋病的感染者和病毒携带者，艾滋病防控教育仍须保证私密性，既符合"温良恭俭让"的文化传统，又秉承对相关人群的关怀和爱护的理念，保护个人隐私的安全。

3. 疲劳、漠视和被动：艾滋病宣传形式的单向性

"到处都看到艾滋病信息，而哪里都看不到[10]。"这看似矛盾的话反映的是艾滋病宣传信息过度饱和被漠视的"艾滋病疲劳"现象。我们不难发现，当前对于艾滋病的宣传以文字、图像、音像再到动画的形式充斥着我们的大脑，以同伴教育、专家讲座、课堂教育等模式出现在我们的生活里，但这些宣传大多以单向的形式出现，观众仅仅成为信息的消费者和接收者，缺乏自我表现的空间。此外，艾滋病的信息往往是关于人们不愿想到的事情，需要大众诚实面对自己，承认自己也有感染艾滋的风险，因此人们往往会对相关的信息产生本能的排斥和漠视。特别是年轻群体，对于防艾宣传活动反应不热烈，认为这种疾病与自己的私生活没有关联，因此没必要关注。学者卡洛琳·霍姆斯（Carolyn Holmes）曾以焦点小组访谈的形式证明了讨论关于艾滋病病毒和艾滋病的大量公共话语会在年轻人中促进一种"艾滋病疲劳"感[10]。

解决"艾滋病疲劳"的办法就是采取新的手段和策略，"唤醒"受众自发积极地参与。随着数字技术的进步，新媒体技术和平台为观众的话语赋权，影响一个议题的力量不再是组织者或者媒体，而是广泛的大众甚至是边缘化群体。因此，我们亟须找到一种新颖的方式将艾滋病以新的视角带入公共话语体系，为艾滋病议题的重新建构提供自由空间。

二、增强现实在艾滋病防治领域的创新实践

增强现实（augmented reality，简称AR）是虚拟世界信息和真实世界信息的共在[11]，是用设备给用户提供虚实并存的复合视图并增强体验，用计算机生成的数据来对真实的世界进行补充并实时呈现的技术，能够提升用户对真实世界的感知和指导体验[12]。具备这些特征的增强现实技术正在为我国的艾滋病防治开启新的可能性。因此，本文将借用实际案例，基于增强现实技术的私密性、话题性和创新性，谈谈该技术在艾滋病防治领域的实践方案与策略。

1. 线下海报的延伸：增强现实海报的知识科普尝试

接受艾滋病相关知识的科普很大程度上影响着人们形成关于艾滋病的正确的态度与行为，是艾滋病防治干预的重要组成部分。作为艾滋病知识科普的重要阵地，防艾海报从2004年便由国务院防治艾滋病工作委员会办公室制作向全国下发[13]，并在这近20年的艾滋病斗争中起着重要的宣传科普作用，成为大众接受艾滋病知识科普的主要媒介之一。尽管防艾海报能够作为艾滋病相关知识的载体满足科普宣传的需求，但作为单一纸质的防艾海报始终在阅读广度、阅读深度、阅读成本等方面不具优势，并在数字化到来的冲击之下造成纸质防艾海报对受众的吸引力不高，知识科普效果不佳的局面。

增强现实技术的应用能够解决上述问题，满足数字化时代对纸质防艾海报的要求，开创艾滋病知识科普新局面。以深圳大学《一夜三省》增强现实防艾互动海报为例，作品在未采用AR识别前的内容刊载得较少，难以让人通过第一眼明白海报的含义，但海报上的"扫码'识别'真相"和局部的留白却可以引发受众的好奇心。在受众扫描该海报后，海报会发生动态的变化，辅以音效、展示动画，呈现"一字多义""答案揭晓"的效果。具体来说，"戴吗"可以是"戴"上戒指，也可以是"戴"安全套；"赌吗"可以是"赌钱"，也可以是因为没有做好暴露后预防的"赌命"；"测吗"可以是"测命运"的塔罗牌，也可以是同样发挥命运抉择作用的检测试剂，突出了"注意使用安全套""及时使用阻断药""积极进行艾滋病检测"三大主题。该系列主题海报很好地体现出增强现实技术在艾滋病相关知识科普中能够发挥的强大作用：通过使用AR技术，防艾海报的内容可以得到动态的更深层次的信息叠加与补充，使受众更多的感官将被调动与激活，艾滋病海报的宣传效力将显著提高。另外，这种较为新颖的呈现方式也有助于吸引更多人浏览，为艾滋病知识更广更好地传播注入新的活力。

在增强现实技术的赋能下，防艾教育中的私密性得到尊重——将敏感的信息置于虚拟空间中，避免了"直言不讳"谈性带来的尴尬，在增强语义丰富性的同时，给予参与者自主决定何时何地接受教育的机会。

2. 涂鸦叙事的拓展：增强现实公厕涂鸦的信念(态度)传递路径

恐惧、羞辱和歧视被认为是开展有效的艾滋病防治工作的主要障碍[14]。因此，除了进行艾滋病科学防治的知识宣传科普，传递正确的信念以消除艾滋病污名化，消除社会偏见，改变大众对于艾滋病或艾滋病患者的恐惧和仇视将同样决定艾滋病防治的最终效果。我们需要对传统的艾滋病防治手段进行补充和创新，探索如何在知识科普的同时更好地实现信念的传递。

安大略艺术设计学院的亚拉·玛丽亚(Yala Maria)为此进行了探索，讨论了增强现实技术在艾滋病信念传递中的应用，并设计了作品：*AR Disclosures*。在现实生活中，*AR Disclosures* 表现为与艾滋病有关的简单的或不完整的 latrinalia(即公共厕所涂鸦)。在使用者找到这些特定的涂鸦后，可以利用电子设备，通过增强现实技术对这些现实涂鸦进行"增强"，从而在虚拟空间中查看一系列真实的改编自有关艾滋病的故事、事实和态度的微观小说。每个涂鸦都是一个可识别的文化意象，每个涂鸦本身都是一部微型小说。

通过使用增强现实技术，不仅对传统的艾滋病宣传手段从形式上进行了创新，在富有更多可能性的同时吸引了更多人关注和参与艾滋病的防治干预。另外，通过利用增强现实技术涂鸦这一方式，能够在保障隐私的前提下激发艾滋病患者"抵抗"式的对话框架，乐于将现在一些较少直接展现在大众面前的关于艾滋病的真实故事与相关想法在虚拟空间中进行公开，表达自己的声音，传递自己的故事，提高艾滋病患者社会可见性[4]。在这一个个小小的艾滋病故事的传递中，观看者得以接受干预，了解艾滋病患者的真实面貌，颠覆、回收对艾滋病的偏见并提高对有关艾滋病的主流叙事的关注[8]，从而树立对于艾滋病的正确信念。不仅如此，增强现实技术的应用能够实现文化增强[15]，通过鼓励大众对艾滋病相关涂鸦进行"增强"从而养成主动对与艾滋病相关的信息进行探索和观看的行为习惯，以此了解更多真实的艾滋病的信息，树立正确的信念；同时，增强现实技术的应用还能影响用户对自己空间的感知[15]。用户将在增强现实体验过程中迫使虚拟空间中不属于自我的信息与自身的认知进行融合协调应用于体验结束后，将每次查看完艾滋病相关的涂鸦后得到的本身不具有的、平常没有关注到的，或者与自身已有观点产生冲突的艾滋病的相关信息纳入为个人意识形态与认知的一部分，潜移默化地进行艾滋病相关信念的改造。有理由相信，伴随着 *AR Disclosures* 使用者使用时间的增加和社会受面的扩大，艾滋病相关正确的信念将得到更好的传递。

3. 游戏机制的转移：增强现实游戏的健康行为促进

有学者曾指出，行为干预能有效地改变人们的危险行为，减少艾滋病病毒的传播[16]。因此，向个体传授艾滋病防治知识，向社会传递艾滋病正确信念，同时直接对艾滋病相关行为进行干预，并进行与艾滋病有关的行为层面的指导与监督对艾滋病的预防也同样重要。其不仅在个人和家庭水平上是有效的，在机构、单位或社区水平上是有效的，在社会或国家水平上也是有效的[17]。

然而，行为习惯的干预过程有长期性、多变性和反复性的特点[18]。针对艾滋病的行为干预更是如此。如何在干预过程中为个体提供足够的动机和刺激成为开展行为干预首先需要解决的问题。而 2016 年全球火爆的增强现实游戏《精灵宝可梦》(*PokémonGo*)似乎给了我们答案。其以"AR＋"游戏的方式吸引人们参与其中，改变日常电子产品使用习惯，在"出门抓精灵"的过程中增加运动步数、提高体力活动量，促进身体健康。这为艾滋病的行为干预提供了新的思路。有了增强现实技术，生活可以变成游戏，游戏中常见的动机与刺激的提供机制可以被运用在日常生活中。即通过使用增强现实技术，将在现实生活中与艾滋病防治行为有关的场景(如安全套的使用、高危行为后进行艾滋病的检查)进行游戏化的改造与重新搭建，从而吸引并鼓励人们接受行为干预，减少容易引发艾滋病的高危行为。

三、基于增强现实的艾滋病防治创新策略与价值

1. 打造与艾滋病对话的私密空间，实现叙述者的"深隐"

尽管当前社会各界不断加大力度宣传关爱艾滋病患者，在艾滋病污名化的社会环境中，公众对艾滋病病毒携带者仍然有很多偏见，导致很多艾滋病病毒携带者、艾滋病感染者

低调生活,降低隐私泄露带来社会排斥的风险。学者张群和王艳认为艾滋病教育内容需要强调人文关怀,为艾滋病感染者创造一个相对宽松的社会环境,这种环境有利于已经发现的感染者理性面对疾病,正视自我价值,减少社会危害性;对于存在高危行为的人群来说,也有利于提升该人群自检的积极性和勇气,提高生命质量。此外,中国处于"性脱敏"的关键期,这种私密性防艾教育的需求长期存在[19]。

私密性的需求与增强现实的特征相互匹配。增强现实最重要的功能是对现实环境进行实时跟踪定位,并基于现实精准叠加虚拟物体,以虚实结合的方式增强用户的体验。为了体验增强现实作品,受众必须通过硬件设备如手机、头戴式显示器或者投影设备,以主动参与的方式进入交互空间。学者甄峰曾提出三元空间假设,其中的"灰空间"则很好地诠释了增强现实体系下虚实空间相互融合形成的过渡性的空间形态[20]。增强现实产生的"灰空间"兼具虚实空间的特征,受众可以主动选择是否参与时空同步或异步的空间,这给艾滋病的讨论提供了一个主动对话的私密"谈话室",而这种"玩法"也减少了艾滋病病毒携带者暴露在"污名化"舆论环境的可能性。与此同时,个体的身份模糊化可以让叙述者在活动中发挥重要作用的同时隐藏身份。换言之,增强现实提供了一个沉浸而隐蔽的空间和方式让叙述者来从主题上谈论想法,观看者必须透过屏幕或其他硬件设备来观察或创造存在于虚拟空间的可见物体,非常符合防艾教育的私密性需求。

2. 建构公开讨论的"共在空间",促使话语生态变迁

正如 *AR Disclosures* 案例中所呈现的,公开谈论艾滋病有助于使话题正常化,它还提供了纠正误解并帮助他人更多地了解艾滋病的机会。增强现实的生态本身可以让更多个人化、私密化的内容变成一种虚拟公共场域下的活动。从媒介可见性的角度上来看,增强现实默许了个人"被看见"的权利以及他人"可见"的权利。参与者与场景共同构建了公开讨论的"共在空间"。此外,增强现实技术作为一种新型的创意媒介形式,自带的话题性和场景化信息也能够带动大众对艾滋病议题的关注。基于美国传播学家梅罗维茨提出的"新媒介—新场景—新行为"的关系模型[21],增强现实的虚拟内容和现实环境相结合、实时交互及图像坐标配准的能力可以将"场景""时间"和虚拟物体自由组合,打造"想象力"的盛宴[22]。艾滋病教育的活动也可以借此嵌套在各种各样的场景中,比如地铁、家中、书里甚至是某个街道……以有趣的方式"唤醒"受众参与公共讨论的积极性。它可以利用可识别的文化符号和视觉隐喻产生极具创造力的新媒体作品,在虚拟的空间中拉近普通大众与艾滋病感染者、病毒携带者乃至艾滋病患者的心理距离和"物理距离",此前依附于传统现实空间范畴的舆论场,在新的公开语境下也会发生结构性变异。

微粒化社会中的技术赋权促使了全新网络话语的涌现和话语结构的巨大变革。学者张涛甫也认为技术的迭代会使社会传播格局和秩序发生结构性的变化,主要体现在水平方向触及面扩张和垂直方向主体权利下沉两个方面,从而引发媒介生态的重构与转向[23]。随着技术民主的趋势加快,增强现实的产生打破了媒体在艾滋病议题的传播主导权上的垄断,将多元的主体汇入社会话语组织体系中,增加了触达面,进而社会上的艾滋病感染者和病毒携带者也拥有了话语渠道,使该群体的话语权得到前所未有的激活和彰显,实现了主体权利下沉的同时，也带来社会整体话语生态的变迁。

3. 从"原画复现"到"沉浸＋参与"，打破艾滋病传统宣传策略

传统的艾滋病宣传往往以直观的印刷作品、音视频媒体和宣传讲座出现，艾滋病宣传内容随着发布而产生了信息的时空"停滞"。而在媒体的艾滋病相关报道中，为了保证新闻的及时性和可读性，新闻也通常以简短的方式发布，从开头到结尾，视角较为单一，受众容易陷入一方的观点之中，产生权力的极化。增强现实颠覆了传统媒介的时空固着性，正如前文分析的艾滋病微型小说参与者可以基于当前的涂鸦——一种被视为个性文化的实体，在升维的虚拟空间下将艾滋病的故事和观点不断地延展和铺陈，随着时间的推移，这样的一部微型小说也不断丰富，实现了个体在虚拟空间的"在场"以及虚拟空间对现实时空的流动与信息补偿。在这种创意文化的氛围下，这种艾滋病的叙述也不再是孤立地呈现，而是与周围的环境相辅相成，产生现实和虚拟"无缝衔接"的沉浸感。此外，增强现实挑战了传统媒体的叙事策略，以结果后置和多线并行的手段，将原本的艾滋病宣传中的"所见即所得"变成"参与见所得"，把"结果唯一"变成了"结果不唯一"。所谓结果后置，是指参与者必须在识别扫描指定的场景或物体后才能够看到叠加的信息；多线并行的叙事手段则是以多主体、多视角的手段去进行艾滋病故事、新闻的叙述。增强现实以"延迟满足"的形式提升受众的兴趣，将深远而广阔的议题以多维的角度和更加复杂的叙事结构嵌入丰富的媒介表现形式中，为参与者提供更加真实、多元而客观的故事和观点。

四、结语

自1981年首例艾滋病病例报告至今，人类对于艾滋病防治手段的探索就从未停止，也取得了不俗的成就。然而，艾滋病仍在全球大范围流行，威胁着人们生命的健康和社会的稳定，因而艾滋病的"清零"任重而道远，对艾滋病防治手段的探索仍将继续。

在长时间的探索中，艾滋病防治手段不断补充、更新，通过融入新的技术来实现形式上的创新以及内容的创作。增强现实技术作为数字化技术的重要成果之一，已经在艾滋病防治干预领域展现出强大的潜力。其不仅能够具象化艾滋病宣传教育的内容，丰富教育途径，还能够通过互动提升防艾教育的趣味程度，满足大众需求，实现真正的"寓教于乐"。

在探索的过程中我们发现，艾滋病的防治已不能仅从干预行为和知识科普的角度去进行，认知上的"治疗"也同样重要。增强现实作为新型创意媒介之一，通过将现实场景升维，为我们构建一个让叙述者身份"深隐"、让话语"可见"的私密对话空间，以兼具感官丰富性、创新性的形式促进公众对议题的参与和讨论，大众在新技术的赋权下能够与媒体齐头并进，当这种多元意见共同崛起后，艾滋病的议题也有了公开和得到正视的可能。增强现实在丰富的实践和应用中，重新定义了媒介：一是在针对大众普适性的传播内容与针对高危人群或目标人群的精准传播中找到平衡；二是在元宇宙的背景下，沟通了线下环境与线上空间，和谐地融合不同世界和人群，达成"跨域共同体"[24]，有助于推进人权的平等；三是以新技术形式引发新的舆论形态，带动议题的重新建构。

前一时期,数字化、虚拟化的技术经历了从爆发到逐渐成型的过程。在元宇宙概念盛行和物联网等技术飞速发展的今天,增强现实也将随着技术的发展日益完善和普及,其广阔的前景和应用价值值得期待。云存储能力的扩张和算力的提升让增强现实的叠加和搭载的模型更加庞大和优化,人与物、人与人、人与社会、媒介与媒介的联系也将更加紧密,主要表现在:一是增强现实将促进传统媒体和新媒体的融合转型,未来与艾滋病相关的增强现实图书和影片将成为艾滋病宣传过程中的常规工具;二是增强现实将为参与者提供更加全面的场景化信息,让艾滋病的议题从简单的文字、音视频转化为有意义的新闻和故事,引发进一步的深刻讨论,进而掀起艾滋病的认知变革。

未来增强现实将覆盖生活、教育等方方面面,但其面临的挑战和困境需要我们关注:一是在这种新的传播图景下,内容依然是艾滋病防治干预领域中无法回避的基础要素和战略资源,目前内容生产的门槛较高,以用户生成内容(user-generated content, UGC)为主的内容生产机制还未成熟,传播范围有待扩张;二是用户的增强现实使用习惯仍需要被培养和激发,而激发用户使用增强现实的核心是降低终端使用门槛和丰富场景化信息;三是警惕"新瓶装旧酒"的内容生产逻辑,在技术创新的同时,也要强化艾滋病传播内容的创新,打造与增强现实技术调性匹配的作品;四是由于带宽限制,当前内容搭载和多方同时参与的能力较弱,需要提高5G覆盖率,以大带宽、低时延的网络能力将内容实时分发给终端。在"瘦终端、胖云端"的模式下,增强现实在艾滋病防治领域将会有广阔而光明的图景[24]。

参考文献

[1] UNAIDS. In danger: UNAIDS global AIDS update 2022 [EB/OL]. (2022-07-27)[2022-09-25]. https://www.unaids.org/en/resources/documents/2022/in-danger-global-aids-update.

[2] 我国艾滋病防治工作取得显著成效,输血传播基本阻断[EB/OL]. (2022-06-17)[2022-09-23]. https://baijiahao.baidu.com/s?id=1735849695441313418&wfr=spider&for=pc.

[3] CDC. HIV stigma [EB/OL]. [2022-08-12]. https://www.cdc.gov/stophivtogether/hiv-stigma/index.html? CDC_AA_refVal=https%3A%2F%2Fwww.cdc.gov%2Fstophivtogether%2Fstigma%2Findex.html.

[4] YALA M. The big disease with the little name: retelling the story of HIV & AIDS in an evolving new media landscape [D]. Toronto: OCAD University, 2020.

[5] 胡瑶迪."我们"与"他们":艾滋病感染者的身份建构——以《南方周末》艾滋病报道为例[J].青年记者,2010(20):17-18.

[6] 刘宏伟,孙茗达.艾滋病防治中的"社会排斥"问题与政府干预研究——以HIV/AIDS人群及其高危人群为研究对象[J].中国卫生事业管理,2005(6):327-329.

[7] Goffman E. Stigma: notes on the management of spoiled identity [M]. New York: Simon and Schuster, 2009.

[8] 刘能.艾滋病、污名和社会歧视:中国乡村社区中两类人群的一个定量分析[J].社会学研究,2005(6):136-164+244-245.

[9] 夹性芝士.同样是为爱鼓掌,为什么男男更容易摩擦生艾?[EB/OL].[2022-04-22]. https://www.bilibili.com/video/BV1yt411X7Az?share_source=copy_web.

[10] Holmes C. The silence around them: AIDS NGOs, scaling up and AIDS fatigue in university

students ［J/OL］. Independent study project （ISP） collection, 2005, 403. https://digitalcollections. sit. edu/isp_collection/403.

［11］张屹. 基于增强现实媒介的新闻叙事创新策略探索［J］. 国际新闻界,2015,37(4):106－114.

［12］Tabrizi L B, Mahvash M. Augmented reality-guided neurosurgery: accuracy and intraoperative application of an image projection technique ［J］. Journal of neurosurgery, 2015,123(1):1－6.

［13］王新伦,米光明,李雨波,等. 全国预防艾滋病宣传海报发放张贴情况调查分析［J］. 中国艾滋病性病,2006(3):212－215.

［14］严谨,肖水源. 艾滋歧视研究进展［J］. 中国临床心理学杂志,2007(1):102－104.

［15］Malik K. Locked-down Wuhan and why we always overplay the threat of the new ［EB/OL］. (2020－02－02)[2022－09－23]. https://www. theguardian. com/commentisfree/2020/feb/02/coronavirus-wuhan-lockdownbreeding-ground-fear-stigma.

［16］Hyman S. Effects of HIV intervention ［C］//The 13th International AIDS Conference, Durban, South Africa, 9－14,July, 2000.

［17］吴尊友. 行为干预是目前预防艾滋病的有效疫苗［J］. 中国艾滋病性病,2000(4):221－223＋233.

［18］许沁. 游戏化设计在健康行为促进中的应用策略研究［D］. 无锡:江南大学,2017.

［19］张群,王艳. 中国当前艾滋病健康教育存在的问题及对策探讨［J］. 中国艾滋病性病,2002(5):303－306.

［20］甄峰. 信息时代新空间形态研究［J］. 地理科学进展,2004(3):16－26.

［21］梅罗维茨. 消失的地域:电子媒介对社会行为的影响［M］. 北京:清华大学出版社,2002.

［22］许力,邹勤. AR 技术下的海报设计创新实践研究［J］. 包装工程,2019,40(10):22－26.

［23］张涛甫. 新媒体技术迭代与国际舆论话语权重构［J］. 人民论坛·学术前沿,2020(15):6－11.

［24］喻国明,杨雅. 元宇宙与未来媒介［M］. 北京:人民邮电出版社,2022.

国际比较视域下我国数字出版业高质量发展路径探析

樊　玲① 陈炜祺②

【摘　要】　习近平总书记在党的二十大报告中深刻地阐明了文化在新时代新征程中的地位作用,明确了"推进文化自信自强,铸就社会主义文化新辉煌"的重大任务。目前,全球信息技术、数字技术与文化产业深度融合,作为文化产业的重要构成,出版业,尤其是数字出版业的高质量发展对于促进我国文化自信自强具有重要的意义。本文首先阐释数字出版业高质量发展的内涵和逻辑构成;其次,基于国际比较的视角,通过 PEST 模型,从制度政策、数字经济、社会消费、技术驱动层面论述国内外数字出版业发展的外部因素、内部因素和发展态势;最后,探讨我国数字出版产业发展中存在的主要问题,提出了促进我国数字出版产业高质量发展的主要路径。

【关键词】　数字出版产业;国际比较;发展态势;高质量发展

数字经济与文化产业结合已经成为文化产业新的发展趋势,数字出版业就是其中的典型代表。据中国信息通信研究院发布的《中国数字经济发展报告(2022)》显示,2021 年我国数字经济规模达到 45.5 万亿元,同比名义增长 16.2%,高于同期 GDP 名义增速 3.4 个百分点,占 GDP 比重达到 39.8%[1],《2020—2021 中国数字出版产业年度报告》显示,2020 年我国数字出版产业整体收入达到 11 781.67 亿元,比 10 年前增长了 11 倍。其中,互联网期刊、电子图书、数字报纸的总收入为 94.03 亿元,比上一年增长了 5.56%,移动阅读等实现收入 2 448.36 亿元[2]。数字出版不仅在中国得到蓬勃发展,在全球范围亦如此。据普华永道《全球娱乐及传媒行业展望 2015—2019》统计,2014 年纳入数字出版行业的全球音乐、电影、游戏、报纸、书籍、杂志总产值为 1.19 万亿美元;其中,数字出版渗透率约为 22.13%,总产值约为 2 637 亿美元;2019 年,数字出版渗透率达到 32.09%,市场规模达 4 621 亿美元[3]。由此可见,数字出版业在全球范围内高速发展态势十分明显,数字化出版能让书籍更好融入日常生活、走近人民大众,为人民提供丰富的精神食粮。本文通过分析数字出版业高质量发展的内涵和逻辑构成,论述国内外数字出版业发展的外部因素、内部因素和发

---

① 上海交通大学媒体与传播学院硕士研究生。
② 社会科学杂志社副编审。

展态势,探讨我国数字出版产业发展中存在的主要问题,并提出促进我国数字出版产业高质量发展的主要路径。

一、数字出版业高质量发展的内涵与逻辑构成

互联网、5G、AI、VR/AR等数字技术为传统出版业带来了机遇与挑战,媒介融合成为大势所趋,数字出版业应势而发展。数字出版不仅带来了出版内容产品载体和表现形态的变化,也带来了出版产品营销、消费者阅读方式的变化。党的十八大以来,在数字技术的迅猛发展、制度政策的保驾护航等因素作用下,我国数字产业蓬勃发展,正迈入高质量发展阶段。

1. 数字出版业高质量发展的主要内涵

数字出版是一种利用数字技术进行内容编辑加工,并通过网络传播数字内容产品的新型出版方式[4]。《中国数字出版产业年度报告(2019—2020)》中指出,我国数字出版已经进入高质量发展阶段,数字出版产业产值稳步增长,数字内容供给持续优化,价值引领作用日益凸显,服务模式不断创新升级[5]。但目前我国数字出版仍处于高质量发展的初级阶段,要达到高质量发展的中高级阶段还需要"传统出版与新兴出版深度融合,坚持正确发展方向,提高盈利能力,完善产业链,丰富产品建设,提供全方位、高品质、公益性的数字知识资源服务"[6]。有学者指出,"数字出版产业的高质量发展除了传统出版与数字出版的一体化发展外,还包括优质内容、技术应用、衍生产品开发、人才建设等全方位发展[7]"。"数字出版高质量发展需要强化产品化战略,坚持内容为本,充分利用最新技术[8]。"张建春认为,"数字出版要实现高质量发展,就要把社会效益放在首位,坚持传统出版与数字出版的一体化发展,打造数字出版精品,构建产业新生态,夯实人才根基[9]"。事实上,数字出版业高质量发展不仅包括数字出版产业规模的扩大、产值(包括附加值)的增加,更包括深度运用数字技术整合加工数字内容,供给优质精品内容和正确的价值观,完善数字内容营销体系,优化产业链结构,与传统出版一体化融合发展;同时,进一步建设融媒型、全媒型数字出版人才队伍,形成完整的供应链、产业链、价值链和传播链、人才链。

2. 数字出版业高质量发展的逻辑构成

1)作品内容奠基高质量发展

无论是传统出版还是数字出版,"内容为王"是不变的真理,出版优秀作品是核心环节。供给优质精品内容是数字出版高质量发展的基石和命脉。在信息流动性剩余的数字时代,数字出版业要去信息"泡沫"、去作品"虚胖",精心采撷优质内容,出版体现时代精神、体现人民生活、反映社会实践的精品力作,构建品类丰富和思想性、艺术性兼具的数字出版精品内容体系。数字出版企业需要牢牢抓住生产、再生产高质量作品意识和政治、价值观导向把关意识,坚守"三审三校"审核机制,摒弃"三俗"、低质量内容;摆脱过度炒作、夺人眼球、唯点击率和娱乐化倾向,注重作品文化内涵,出版有温度、有内涵、正能量的数字出版物,形成精细化编辑加工、精品化内容服务的数字出版生态。

2）数字技术驱动高质量发展

数字出版业因数字技术而兴,数字出版业融合数字技术,改变了传统出版产品的呈现、体验和消费方式。数字出版产品的呈现与表达方式灵活多样,视听和电子体验效果更好,受众的阅读互动参与性更强,发展前景更为广阔。数字技术还为出版业带来新的内容生产、分发和运营模式,数字出版运用云计算、大数据技术,实现内容生产者与受众的有效连接,提升内容供给质量和精准化程度。利用 AI、AR、VR 及区块链技术,优化数字出版流程,保护数字版权,降低数字化产品和内容创作门槛,提升受众参与度和表达成就感;利用物联网、网络直播等技术,实现营销增值服务。5G 通信技术为数字出版产品和业态提供更加便捷、顺畅的表达和呈现状态,音视频、数字场景的沉浸式体验拓宽用户的想象空间,有效提升数字出版产品受众的使用体验感和获得感。

3）政策措施护航高质量发展

我国高度重视人民群众日益增长的精神文化需求,实施数字阅读和出版工程,出台多项制度政策促进数字出版业的高质量发展。"十二五""十三五"时期,中宣部、国务院和新闻出版署出台了一系列政策为壮大数字出版产业保驾护航。2014—2015 年,财政部单独立项助力出版业数字化转型升级,支持各类数字出版项目 175 个,累计资助资金超过 20 亿元,帮助数字出版产业完善前期基础工作。2019 年,国家新闻出版署推出数字出版精品遴选计划,强化数字出版优质内容的支持与引导。2021 年,《出版业"十四五"时期发展规划》明确提出,壮大数字出版产业,实施"出版融合发展工程",加大政策扶持力度,推动示范试点项目建设。利好的各种政策措施为数字出版业做好了顶层设计,鼓励、支持、推动数字出版迈向高质量发展新阶段。

4）新消费业态助推高质量发展

近年来,信息通信技术、物流业和场景设计的蓬勃发展推动了以在线购物、移动支付、场景空间体验等新业态、新模式为特征的新型消费的崛起,改变人们的消费生活方式;电子化、视听化、便捷化阅读拓展了传统书籍的阅读方式,越来越多的消费者更愿意阅读和消费数字出版物。2020 年上半年,数字视频、数字音乐和网络游戏、网络文学的用户规模分别达到 8.8 亿、6.4 亿、5.4 亿和 4.7 亿,网民使用率分别达到 94.5％、67.9％、57.4％和 49.7％,环比分别增长了 4.4％、0.5％、2.6％和 1.5％[10]。新的阅读和消费业态促进消费者进一步接受并认可阅读和消费方式的转变、阅读和消费载体的变化,为数字出版业培育源源不断的消费人群,同时也倒逼数字出版企业深耕内容资源,把握市场需求,提高用户体验,构建数字出版产业新生态。

5）数字品牌赋能高质量发展

数字化出版品牌是数字出版业高质量发展的重要评估尺度。数字出版品牌不是简单地把出版内容转化为数字载体呈现和售卖,而是以作品内容为基础的再生产——再次深化加工,以符合用户偏好的表达形式在适宜的出版机构利用渠道呈现和售卖数字产品与服务。数字出版品牌不仅能够有效地扩大用户覆盖率,还能为数字出版行业发展树立标杆,引领行业健康可持续发展。数字出版品牌让更多消费者认知、认同和消费数字出版物。打造数字出版品牌,需要建立线上线下联动,出版者、出版作品、渠道运营者和受众一体化的品牌营销矩阵,形成品牌效应。在提升数字出版品牌运营能力的过程中,需要进一步拓展品牌触达的场景,提升品牌影响力,提高数字出版品牌传播力和影响力,扩大出版融合成果覆盖面,增加数字出版业的社会效益和经济效益。

数字出版业高质量发展,离不开作品内容、制度政策、数字技术、新消费业态以及数字品牌的共同助力,这五个方面也是衡量高质量发展的主要维度。需要强调的是,作品内容是数字出版业高质量发展的基础和命脉,是源头活水。数字出版业姓"数",数字技术驱动是数字出版业高质量发展的技术支撑和发展动力,新的数字技术不断推动数字出版业以更丰富、更沉浸、更可体验的方式表达和传播作品内容。作品内容与数字技术是数字出版产业高质量发展的两个重要内部因素。同时,制度政策、新消费业态、数字化品牌作为必不可少的外部因素,支撑着数字出版业的健康可持续发展,持续向高质量发展阶段迈进。

二、中外数字出版业高质量发展的外部因素分析

一种新兴产业的发展壮大,是各种因素相互影响、共同促进的结果。在当今国内外复杂的经济形势和发展环境下,需要对数字出版业的发展外部因素做出准确的认识和判断。本文通过 PEST 模型从制度政策、数字经济、社会消费、技术创新等角度分析国内外数字出版业高质量发展的主要外部因素。

1. 国内数字出版业高质量发展的外部因素分析

1) 制度政策因素

党的十八大以来,我国连续出台了关于数字出版发展的一系列部署,整体制度政策环境趋向利好。2018 年 11 月 14 日,中央全面深化改革委员会通过的《关于加强和改进出版工作的意见》,为出版业的下一步发展指明了方向。国家新闻出版管理部门通过制定规划,实施一系列相关数字出版项目,打造国家数字出版基地,并通过政策优惠、税收优惠和财政支持,鼓励和扶持数字出版企业的发展。2021 年 5 月 18 日,国家新闻出版署提出了出版融合发展工程,引导出版业大力实施数字化战略。2021 年 12 月 28 日,国家新闻出版署印发了《出版业"十四五"时期发展规划》,特别强调要促进出版产业数字化迈上新台阶。此外,不少地方政府部门也出台了相关政策法规,为数字出版创造良好的制度和政策环境。

2) 数字经济因素

数字出版业的快速发展与数字经济发展整体环境密不可分。当今社会,数字经济迅速发展,国家和各省市纷纷出台数字经济战略。2018 年 9 月,国家发改委、教育部、科技部等19 部门联合印发《关于发展数字经济稳定并扩大就业的指导意见》,支持数字经济发展。各省份也纷纷出台数字经济规划或战略,并给予资金支持,将数字经济发展作为未来经济发展的重点方向[11],越来越多由知识经济主导的数字内容产业开始迅速崛起。随着我国经济的快速发展,人们对于文化的消费需求快速增长,同时,经济社会发展提升了人们的消费水平和生活质量,使得人们有能力购买数字出版的文化产品和服务。总之,数字经济整体发

展状况对于数字出版产业的快速发展具有重要促进作用。

3) 社会消费环境因素

社会消费环境包括一个国家或地区的居民文化传统、教育水平、消费习惯、价值观念等要素。我国是一个数字消费大国,据中国互联网络信息中心(CNNIC)第 49 次《中国互联网络发展状况统计报告》显示,截至 2021 年 12 月,我国网民规模达 10.32 亿,互联网普及率达 73.0%[12]。在普通中产阶级家庭中,养娃支出占家庭收入的 30%,一线城市平均每月为孩子花费 6 593 元,教育支出比重日益增大[13]。近年来,手机、电脑逐渐成为人们的生活必需品,网络数字内容和服务消费日趋常态化,与教育和知识、文化内容息息相关的数字出版产业迎来非常有利的社会消费态势。

4) 数字技术因素

尽管我国数字出版技术落后于发达国家,但随着近年来我国数字经济的快速发展,通过学习国外技术和自主研发创新技术,与数字出版相关的互联网机构、IT 公司迅速发展,我国数字出版商已经在技术上具备一定实力,能够为数字出版产业提供足够的技术支持。比如,我国的大数据分析技术已经趋于成熟,如腾讯、阿里巴巴、百度等都建有超大型的数据库,在这方面能够为数字出版的发展提供一定技术支撑,另外像区块链技术、虚拟现实技术等,在我国也有了一定的基础,新技术助推数字出版高质量发展。

2. 国外数字出版业高质量发展的外部因素分析

1) 制度政策因素

作为一种新兴产业形态,数字出版业备受各国政府重视,各国纷纷出台相应政策为数字出版业营造良好的制度和市场环境。美国于 1998 年 10 月 28 日制定了《美国数字千禧版权法》。该法案可以直接限制规避技术(突破版权保护措施的技术)及其设备。不仅惩治制作和传播盗版的行为本身,还将用技术非法规避版权保护措施的行为定性为犯罪[14]。除发达国家外,不少发展中国家也出台了鼓励和支持数字出版业发展的政策,如拉丁美洲一些国家政府出台旨在缩小城市与农村之间和不同城市之间数字鸿沟的决议[15]。在巴西和委内瑞拉,自由和开放源软件的扩展已经成为国家政策法规的一部分,有利于数字出版业增加利润空间、扩大再生产。拉美国家还就电子书籍的价格是否固定展开更加广泛的辩论,优化数字出版业发展的具体政策措施。

2) 数字经济因素

目前,全球信息技术、数字技术与人类的生产和生活方式深度融合,加速重构全球经济新版图。截至 2020 年,全球数字经济规模达到 32.6 万亿美元[16]。在新时代数字经济旋风席卷下,全球数字出版业蓬勃发展。美国有 80% 以上出版商开展了电子图书业务,尤其是六大出版商——兰登书屋、阿歇特、培生、哈伯·柯林斯、圣智和麦克米伦都开发出具有特色和成长性的数字出版产品。在拉美和印度地区,新兴中产阶级进入数字内容消费市场,受众对数字出版物的消费需求倒逼数字出版软硬件设施加速建设。如巴西和阿根廷的自由贸易区已经大规模生产电子出版物阅读专用的硬件设备,并在制作电子阅读硬件和创建内容平台方面发挥主导作用。

3）社会消费因素

社交媒体平台催生数字阅读产业发展……美国消费者借助 Facebook、Twitter 等社交网络，读者可以把阅读体会彼此分享，交流体会、分享对图书内容的评注。作家也会利用博客和社交媒体宣传他们的新书并获得读者的反馈[17]。此外，一些电子书不是简单地将图书内容电子化，而是可以声控。阅读形态多样化吸引了大量读者，为数字出版创造了良好的社会环境。在拉丁美洲和阿拉伯国家，网络文学表现出极大的增长潜力，当地居民偏爱在线阅读模式，尤其是年轻一代越来越多地运用博客和其他数字社交网络进行在线阅读，并习惯用电脑、手机、电子阅读器等阅读电子书籍。同时，因为电子出版物能够根据阅读需要改变字体大小、颜色，且图文并茂，增加了用户阅读体验，越来越多老年人也优先选择阅读数字出版物。

3. 数字技术因素

随着数字技术和移动互联网技术向纵深发展，智能手机和平板电脑数量开始超过台式机，出版商正在寻找技术手段使这些设备的内容表达和呈现更加人性化。日本更广泛的电子出版物设备可用性为电子书市场创造了更好的条件[18]。比如，智能手机普及率很高，手机安装的设备超过 1 亿件（包括 iPad，iPhone，iPod Touch），电子书市场基于应用程序的增长可能比预期更大。此外，广泛的设备可用性（特别是移动电话），具有合理费率的宽带互联网连接和广泛的标题目录的融合都能够在短时间内创造数字出版消费市场。在拉美地区，在平均印刷数量减少的情况下，按需印刷（POD）逐渐取代传统的偏置系统成为应用最广泛的技术手段。许多在线商店通过门户网站提供西班牙语、葡萄牙语和英语的电子书。

三、中外数字出版业高质量发展的内部因素分析

相对于传统出版业，数字出版业具有明显的优势，但存在的人才、版权、内容质量、竞争压价、盈利模式等问题也比较突出；数字经济时代，国内外数字出版业迎来了新的发展机遇。

1. 国内数字出版业高质量发展的内部因素分析

首先，在知识内容数量和储存上，数字出版具有先天优势。比如，近年来，我国网络文学市场规模持续增长。据《2020 中国网络文学发展报告》指出，2020 年中国网络文学市场规模达到 249.8 亿元，网络文学用户规模达到 4.60 亿，日均活跃用户约为 757.75 万人。2020 年累计创作 2 905.9 万部网络文学作品，网络文学作者累计超 2 130 万人[19]。此外数字出版的生产和消费成本低廉。比如，网络文学写手通过一台电脑、一部手机就可以进行创作，创作时间灵活，办公设备和时间成本大幅降低。一本纸质书籍在亚马逊网站售价约为 30 美元，但在 Kindle 上的电子书籍则仅需 2 美元，价格差巨大，且读者携带智能手机能随时随地阅读，大大降低消费者购买成本和阅读时间成本。此外，数字出版准入门槛很低，而传统出版业则有一套成熟的组织和生产模式，需要较高的文化知识水平和职业素养，准入门槛高。

其次,与传统出版的优势相比,数字出版的劣势同样明显,主要体现为:一是人才问题。由于数字出版业是新兴产业,其人才培养教育体系不如传统出版业那样成熟和完善。由于数字出版企业员工收入相对较低,从事数字出版的综合型人才缺乏,出版和科技双栖的复合型人才招聘困难[20]。二是版权问题。较高商业利润、便捷的生产与再生产,简单、低成本的复制技术,使得盗版和抄袭侵权成为数字出版业普遍现象。知识内容的产权保护难度大——由于网络作品数量多,被侵权内容排查困难;一些作品被抄袭或洗稿的认定难度高;诉诸法律的时间和费用成本高、耗时长;加上相关知识产权法律法规不完善,一些侵权行为没有受到法律制裁,造成盗版、侵权行为泛滥。三是内容质量问题。数字出版准入门槛低,导致作品内容泥沙俱下——大量的"三俗"、垃圾产品充斥网络空间,降低受众的阅读品位。

在当今数字经济时代,数字出版业拥有众多发展机遇。数字出版作为环保、绿色、朝阳文化产业的重要组成部分,受到各级政府政策法规的强力鼓励和扶持。同时,随着人们生活节奏的加快,日常学习、生活、工作中弥散越来越多的"碎片化"阅读时间,越来越多受众寻求更加高效、快捷的信息阅读方式,而数字出版的阅读即时性、便捷性、交互性与人性化,能更好地满足用户的阅读需求。2006年以来,我国数字出版产业一直呈快速发展的趋势,成为全行业最重要的收入来源。2020年,我国数字出版产业整体收入达到11 781.67亿元[21]。同时,由于传统出版业面临的"滞涨"状态和发展态势下沉,为数字出版提供更多的发展空间。

当今国内数字出版业面临的挑战首先体现在数字生态圈影响价格机制的生成[22]。一方面,数字出版物特定的用户群体以及生产方式,导致其产品及其服务价格不一,难以形成符合消费者需求的统一定价,普遍低廉的数字出版物价格不仅弱化数字内容的知识价值,而且不利于创作者的劳动和知识产权保护;同时,国民知识付费习惯尚未养成,免费阅读成为一种常态。另一方面,数字出版业盈利模式面临挑战,在"互联网+"环境下,数字出版商单靠知识付费盈利模式,难以做到利润最大化。再者,数字出版行业内部竞争激烈。一些IP被卖出天价,众多数字出版企业看重眼前利益,热衷于抢夺时下热门IP,不注重开发和运营长销产品及其产业价值链的延伸产品与服务。在激烈竞争中,如何不浪费知识内容原创资源、不形成恶性竞争环境,值得思考。

2. 国外数字出版业高质量发展的内部因素分析

西方发达国家数字出版业起步较早,具有先发优势。比如,谷歌借助强大的互联网平台和搜索引擎,创设出便捷、廉价甚至免费的网络图书获取渠道。国外数字出版业具有更加完备和有效的版权保护措施。谷歌在推动数字图书馆计划之初,针对盗版和侵权,实行"opt-out"策略[23],即出版商或作者限制受众在谷歌平台免费扫描其图书,他们向谷歌提供图书名单,谷歌尊重其请求。在教育类数字出版方面,国外数字出版商有多元的业务类型:通过提供教育产品、服务以及解决方案,实现了由"卖产品"向"卖服务"的转变,因此对市场波动的适应能力更强。比如,培生教育集团已发展成为一个综合教育产品和数字教育服务的大集团。在科技期刊出版方面,美国科学情报研究所的数字出版物内容资源更加优质,且有更加灵活的价格体系,其根据细分客户,制定不同的价格。同时,该所还具有更加开放的全球化策略。它通过与不同国家出版机构合作,推进作品内容国际化和审稿国际化,进而实现发行国际化和读者国际化,在生产优质内容的同时,获得更为广泛的国际化读者群。

国外数字出版业虽然总体上领先于国内,但自身存在发展不均衡、定价混乱、利润空间变小等问题。比如,英国的专业和学术出版的数字化程度比较高,达到86%,而大众图书出版的数字化程度却相对缓慢,市场份额低。在数字出版市场竞争加剧和消费者降价的心理预期下,无论市场需求多大,出版商都要承受不断降价的压力。如《暮光之城:破晓》纸质版定价为14.99英镑,在苹果商店的电子书价格是13.99英镑,但在Kindle书店的定价却只有3.59英镑,巨大的价格差逼迫苹果商店不得不把价格调低到每本4.99英镑[24]。英国电子书市场定价的混乱状况,虽然有利于市场汰劣存优机制的形成,但长期来看,这种无序和散乱的价格竞争建立在数字出版销售与盈利模式尚且模糊的市场环境下,不利于建构传统出版商、数字网络公司、代理机构和作者之间必要的沟通与对话机制。因此,这种降价行为和竞争方式无助于数字出版市场的发展壮大。

如今数字经济席卷全球,国外数字出版业同样迎来新的发展机遇。一些跨国出版企业在由传统出版向数字化出版转型的过程中,一方面在内容、技术和服务等方面创新,另一方面整合优势资源,通过并购与合作,形成规模效应和专业优势。同时,英、德、日等国出版企业注重消费者自助内容资源的利用。由于消费者中蕴藏着巨大的内容资源,发达国家出版集团推行自助出版模式,借助自己的数字平台和各具特色的服务,鼓励消费者进行内容生产和创造,使内容汇聚达到最大化[25]。俄罗斯则有大量网络数字平台致力于销售电子书和提供在线文本订阅服务,行业内知名数字出版商主要有Ozon、Biblion、iMobilco、Elkniga等[15],其电子阅读设备生产蓬勃发展,数十种电子阅读器不仅风行本国市场,而且大量出口到东欧和中亚等国家。按需印刷技术是俄罗斯最主要、最流行的电子出版业务,几乎所有俄罗斯读者都能够获得翻译自50种不同语言的电子出版物。

国外数字出版面临的挑战主要体现在:一是不合理的定价模式和商业欺诈行为。国外数字出版业现有的定价模式使得数字分销商在电子出版物的定价中占据主导地位,在售价和利润上占有更大的份额,存在更大的欺诈可能性,这不利于版权方进行知识产权再创造和版权利益保护。电子销售和审核是全新的商业领域,目前市场规范和相关法律法规体系尚未成熟。一旦版权方将文本发送给数字出版商,由于数字文本在网络上可以进入任意渠道,目前尚无验证和审核出版商已售出多少份副本的便捷技术,让版权方陷入被动。当数字出版涉及国际传播时,版权方的利益将更加无法得到保证[26]。二是生产成本提高。尤其是在对版权方提供的数字文本进行必要的转换、编辑和检查之后,数字出版企业要为不同平台提供解决方案,同时还要承担数字印刷业务成本。因此,即便实现按需印刷,数字出版商仍需要承担一些出版成本。三是营销推广成本高,且效果并不理想。在不同时间和地域为客户提供全天候营销是一项新增的巨大成本。

四、提升我国数字出版业高质量发展的主要路径

当今数字经济时代,国内外数字出版业面临着新的发展环境、机遇与挑战。整体上,国

外发达国家数字出版业起步早,发展较为成熟,特别是具有内容、技术、版权、人才和市场优势,但也存在着生产成本高、版权保护措施跟不上数字出版业态发展、市场竞争秩序有待规范等问题。为此,需要借鉴国外数字出版先进经验,分析我国数字出版高质量发展过程中的问题和挑战,可从以下方面探求我国数字出版业高质量发展的路径。

1. 集中数字出版行业资源,整合各类数字化公共平台

整合数字出版商的数字资源,集中数字出版行业资源,建立健全数字出版公共服务平台和数据库平台,打造数字出版行业的版权交易及保护平台,同时搭建具有自主知识产权的通用软件服务平台。以作者数据库资源为例,正如掌阅科技副总裁王良表示,"我们自己在技术上会做一些事情,把每一本书所有的章节打上不同的码,建立一个完整的库,当有新作者入库的时候,或者其他网站作者入库的时候,可以进行比对[27]"。不仅仅是线上数据库平台,线下也需要集中行业资源,搭建数字出版业的权威信息发布与交流平台,推动数字出版业整体发展。比如,2021年10月,第五届中国"网络文学+"大会充分发挥行业权威平台作用,为网络文学及相关领域从业者打造信息发布、行业交流、产品交易、成果展示、互动体验和宣传推广等"六大平台",呈现中国网络文学现状、生态及前景,助力我国网络文学出版产业高质量发展。

2. 开阔视野,跨产业链服务,实现数字出版内容增值

在数字经济时代,数字出版生产者、服务者需要具有广阔的数字内容服务思维。尤其要抛弃"版权售卖"的单一盈利模式和局限于数字出版单一行业的思维,充分挖掘数字内容价值,提供跨越整个数字文化产业不同领域的产业链服务。例如,从关注"潮流"转向关注"主流",与知名作家和机构,联合打造有深度、有思考性的阅读产品,切实使读者从"快餐式浅阅读"转向"精品文化深阅读"。数字出版内容的核心价值是版权,围绕自己打造的具有知名度、美誉度的优质版权,不应仅仅是单一的线性开发,还要加强与网络游戏、动漫、影视等多个产业的合作与互动。只有进入网状的融合开发,才能带动全产业链实现更大的数字内容价值。比如,将网络文学改编为电影电视剧,如《三生三世十里桃花》同名电视剧上映后,实现了数字出版内容的增值。

3. 加强内容质量监管,完善数字出版内容质量评价体系

数字经济时代没有改变"内容为王"的出版生存法则,内容依然是数字出版的核心要素。当前数字出版市场秩序混乱、产品质量鱼龙混杂,内容质量让位于出版速度,忽视长期社会效益,无异于"涸泽而渔",亟须加强内容监管,提升数字出版内容质量,聚焦内容的精品化,赋予数字出版产业以工匠精神。我国数字出版行业需要通过细化内容质量评价指标,构建传统出版或其他第三方内容质量评价审核及监控组织机构,完善数字出版内容质量评价及监控体系,以营造良好的行业风气,强化数字出版内容和表达形态生产以及传播过程中的工匠精神,为人民群众提供更多精神文化食粮,激活数字出版市场的活力与正能量。

4. 进一步提升我国数字出版技术的研发和应用力度

数字技术对出版产业具有深远影响,带来数字出版产品及服务的全新制作方式和新型

发展模式。随着人工智能和5G时代的到来,综合运用5G和VR、AR、AI技术组合优势,优化信息平台技术,向用户提供全景式、数字化的图像、字符、影像、语音等信息产品与服务,提升用户的阅读体验,是数字出版产业亟待解决的课题。我国数字出版业需要紧跟当今先进技术潮流,重视新技术的研发、改进和组合应用,在数字语言、符号转化、内容体验和版权保护技术上需要进一步加强。尤其需要研发新技术,以高新技术手段保护知识产权,防止商业欺诈和侵权行为。

5. 合理分配和平衡数字出版产业链不同节点的利益

数字出版产业链主要由以下几部分构成:内容提供商、技术提供商、平台提供商、网络运营商和消费者。每个节点之间相互协作,只有发挥出各自的优势和作用,才能共同创造产品或服务,实现产业链的闭合和盈利[28]。一般来说,收入分配在数字出版产业链应遵循以下三点原则:一是多赢原则。确保产业链每个环节的企业和生产者获得相应的均衡利益。二是风险匹配原则。数字出版产业链各环节共享合理的分配收入,共同承担风险。每个环节的收入应与其承担的风险尤其是技术研发风险和市场风险相匹配。三是投资匹配原则。在产业链结构中,收入分配应匹配产业链各方的投资,更多的投资意味着更多的收入。合理分配数字产业链上游、下游不同节点利益,平衡数字出版业内部矛盾冲突,有利于促进我国数字出版业健康有序和高质量发展。

6. 优化行业联盟或协作机构职能,保护市场有序竞争

目前,国内外数字出版市场普遍存在的问题是,数字出版生态圈的市场价格机制混乱,市场无序竞争,相互压价,导致数字出版物价格落差大,企业利润摊薄,并引发技术研发投入不足、优质人才吸引力弱等关联问题。为此,我国数字出版业需要规避这些问题,设立具有统一协调职能的数字出版行业联盟或其他非盈利协作机构,制定行业标准,构建合理有序的数字出版物市场价格机制或定价模式,约束数字出版企业的无序竞争、商业欺诈、知识产权盗版、侵权等,同时,"以技术防盗版侵权",通过开发新的防盗版技术手段和盗版、侵权行为的技术认定标准,降低盗版、侵权行为的负面效应,确保数字出版业高质量发展。

7. 打造头部企业,形成优质品牌,引领行业高质量发展

一个成熟、健康的数字出版行业,应有占据市场份额前几位的品牌企业——头部企业坐镇和支撑,引领行业高质量发展。以美国数字出版行业为例,亚马逊占市场份额的60%左右,巴诺占市场份额的25%左右,苹果占市场份额的10%左右,其数字出版产业结构、头部企业和品牌运营已经相对完善。而国内数字出版业总体上处于恶性竞争的扩张阶段,有规模、有质量、有影响力的头部数字出版企业较少。因此,需要集中优势内容资源和数字平台,形塑头部数字出版企业,打造优质数字出版品牌。国内微信、微博等社交媒体应发挥阅读集群作用,努力打造数字出版内容和市场品牌,增强市场影响力。同时,数字平台需要提供数字出版物评价功能,依托用户反馈机制,为用户推送个性化数字阅读内容,通过用户分享、推广与传播,促进数字出版市场良性循环和健康发展。

8. 培育数字出版人才,满足行业高质量发展的人才需求

数字出版业是知识密集型产业,人才储备和使用是产业保持竞争优势的一个关键因

素[29]。由于数字出版业内容和技术更新快,业务实践性强,传统人才培养模式不能满足出版数字化高质量发展的人才需求。为此,我国高校和业界需要创新人才培养机制,在数字出版实践应用方面加大权重,有组织、有计划地培养复合型高质量人才。数字出版企业是人才培养的实践课堂,一方面,企业内部要构建人才培训体系和切实有效的培训制度,提升员工的业务培训质量;另一方面,企业需与高校、科研机构合作,联合培养高层次数字出版人才,满足新时代数字出版业对人才质量越来越高的需求。

参考文献

[1] 中信息通讯研究院.中国数字经济发展报告(2022 年)[R/OL].[2022 - 07 - 12].https://www.smartcity.team/reports/chinadigitaleconomy2022/.

[2] 中国数字出版产业年度报告(2020—2021)[EB/OL].[2021 - 10 - 29].http://www.cadpa.org.cn/3278/202110/41407.html.

[3] 普华永道.全球娱乐及传媒行业展望(2015—2019)[EB/OL].[2015 - 09 - 26].http://www.199it.com/archives/388781.html.

[4] 钱聪.数字出版研究热点及未来展望[J].出版广角,2021(19):58 - 61.

[5] 中国数字出版产业年度报告课题组.步入高质量发展的中国数字出版——2019—2020 年中国数字出版产业年度报告[J].出版发行研究,2020(11):20 - 25.

[6] 张新新.传统出版与新兴出版深度融合,推进数字出版高质量发展——2019 年度数字出版盘点[J].科技与出版,2020(3):13 - 27.

[7] 赵傲莉.出版企业数字出版高质量发展路径探析[J].中国出版,2020(17):32 - 35.

[8] 刘九如.数字出版高质量发展析论[J].现代出版,2022(1):39 - 44.

[9] 张建春.坚持守正创新 以数字出版的高质量发展助力文化强国建设[J].出版发行研究,2021(11):5 - 6.

[10] 聚焦"新消费"趋势,数字消费新业态了解一下[EB/OL].[2021 - 06 - 09].https://www.pishu.cn/zxzx/xwdt/567573.shtml.

[11] 熊丽.19 部门发布《关于发展数字经济稳定并扩大就业的指导意见》[EB/OL].[2018 - 09 - 26].https://baijiahao.baidu.com/s?id=1612660362203801499&wfr=spider&for=pc.

[12] 我国网民规模达 10.32 亿[EB/OL].[2022 - 02 - 25].http://www.gov.cn/xinwen/2022-02/25/content_5675643.htm.

[13] 报告称养娃支出占家庭收入的 30% 一线城市平均每月为孩子花费 6 593 元[EB/OL].[2021 - 08 - 13].https://finance.sina.com.cn/chanjing/cyxw/2021-08-13/doc-ikqciyzm1152340.shtml.

[14] 美国 1998 数字千年版权法[EB/OL].[2022 - 09 - 01].https://wenku.so.com/d/69701b0b765c11f59a1ac98ca3d54030.

[15] Kulesz O. Digital publishing in developing countries: the emergence of new models? [J]. Publishing research quarterly, 2011,27(4):311 - 320.

[16] 2020 全球数字经济白皮书[EB/OL].[2021 - 09 - 17].https://www.sohu.com/a/490570585_121123527.

[17] 马必文.美国数字出版业发展及其启示[J].岭南学刊,2012(5):125 - 128.

[18] Mussinelli C. Digital publishing in Europe: a focus on France, Germany, Italy and Spain [J]. Publishing research quarterly, 2010,26(3):168 - 175.

[19] 第五届中国"网络文学+"大会在京举办[EB/OL].[2021 - 10 - 10].http://www.chinawriter.

com. cn/n1/2021/1010/c404023-32248737. html.

[20] 吴连英. 四川数字出版的 SWOT 分析[J]. 新闻研究导刊,2015(22):120.

[21] 《2020—2021 中国数字出版产业年度报告》发布逆势上扬,产业年收入达 11 781. 67 亿元[EB/OL]. [2021 - 10 - 29]. http://www. cadpa. org. cn/3278/202110/41407. html.

[22] 侯欣洁,乔兰. 中国数字出版产业发展环境分析[J]. 创新,2014(3):43 - 47.

[23] 张雪峰. 中美数字出版盈利模式比较研究[D]. 重庆:重庆大学,2013.

[24] 杨状振,王运灵. 英国数字出版业发展状况观察[J]. 对外传播,2011(11):60 - 61.

[25] 赵树旺,余红. 从英国视角看中国数字出版内容的国际传播[J]. 出版广角,2014(5):53 - 55.

[26] Christensen K. Don't steal this book: digital publishing isn't as cheap and easy as you think [J]. Library journal, 2012,137(11):104.

[27] 王良. 网络文学平台应提供更有差异化的服务[EB/OL]. [2018 - 09 - 20]. http://media. people. com. cn/n1/2018/0920/c40606-30305594. html.

[28] Wu renqun. The analysis of the income distribution in digital publishing industry chain [C/OL]. (2016 - 08 - 11)[2023 - 05 - 06]. https://ieeexplore. ieee. org/document/7538469.

[29] 陈美华,等. 我国数字出版产业的困境及对策研究[J]. 江西社会科学,2017(12):88 - 94.

用户正在关闭算法推荐吗

——抖音短视频青年用户的算法解码研究

秦建茹[①]

【摘　要】 短视频推荐算法具备筛选、分类、推送、采集用户个人数据等多种特殊权力,通过不间断的算法"投喂"与"试错"来探测用户偏好,并决定用户短视频界面的内容,以此取代传统媒体中的把关人角色。抖音短视频的出现进一步凸显算法在参与式媒体平台中的主导地位,本文以抖音短视频的青年用户为例,结合斯图亚特·霍尔的"编码—解码"理论框架,采取深度访谈法探究用户多大程度感知由推荐算法技术带来的影响,以及面对短视频推荐算法技术的态度及行为。研究显示,青年用户虽然不能精准描述短视频算法逻辑,但是能够基于自身认知来揣测算法推荐的窍门,并采取主导、协商、抵抗和漠不关心等立场来解读短视频算法。算法代理有遮蔽权力中个人对抗结构的可能性,一旦认同算法具备代理权力并独立于人类的代理权时,就有可能陷入数据拜物主义与自动化拜物主义中。本文通过对微观层面用户的算法解码立场的调研进一步思考算法对媒介实践的影响,以期采用更有效的方法来管理算法权力在日常生活中的表现。

【关键词】 算法推荐;算法感知;算法想象;解码理论;算法抵抗

随着平台媒体成为人们获取信息的主要方式,算法应用开始登上历史舞台并扮演越来越重要的角色,算法由纯粹的技术工具渐渐成为传播常态并演化为一种特殊的文化形式。推荐算法嵌入短视频平台的正常运作离不开算法代理。实际上,短视频的推荐算法在当下具有一定代理权,用户的算法感知与该推荐算法的运行逻辑及算法代理互为影响。由此,我们理应探究用户怎么看待、怎么应对隐匿在平台背后的算法。

具体而言,本文站在算法代理的另一面,即通过分析用户的算法感知来尝试回到用户视角对"用户与算法相遇"的情况进行概念化表述,结合青年用户的算法想象与算法体验等进行评估,以此开阔算法传播用户研究的视野。

---

① 苏州大学传媒学院硕士研究生。

一、问题的提出

国家网信办等四部门联合发布的《互联网信息服务算法推荐管理规定》，于 2022 年 3 月 1 日起正式施行，该规定进一步强调与明确了算法推荐服务提供者的主体责任。而《中国大安全感知报告（2021）》显示，有七成受访者感到算法能获取自己的喜好、兴趣从而"算计"自己，近五成受访者表示因算法束缚从而想要逃离网络、远离手机。《算法应用的用户感知调查与分析报告（2021）》显示，超过八成的受访者认为企业利用算法人为扭曲信息（比如操纵榜单、流量造假、信息屏蔽）的情况很多或比较多。

随着各大平台"一键关闭"算法推荐功能的上线，用户在日常的媒介实践过程中，对界面背后的算法推荐的感知情况如何？算法传播时代已经到来，在长期理所应当的算法"喂养"过程中，部分用户已经感知到了由算法代理造成的各种体验以及影响，在享受到其所带来的个性化、高效信息供给的背后，也感受到了诸如信息视野受限、隐私泄露、被操纵感等问题，部分用户开始产生关闭"算法推荐"按钮的想法。这些问题体现了用户对算法解码的多元立场。本文正是基于算法传播视域以抖音这一短视频平台为例，探究用户是在哪些具体的情境下、在多大程度上、如何感知到由推荐算法技术带来的影响，以及对短视频推荐算法技术采取什么样的解码态度及行为。

二、研究综述

1. 算法及解码

算法绝非仅是一种技术，基于传播领域对算法的解读至少有六类不同的视角和界定[1]：算法是工具[1]、算法是规则、算法是权力[2]、算法是主体[3]、算法是想象[4]以及算法是价值观[5]。算法作为人的关系的集合以及关系存有和展开的坐标，将成为人们感知和体验外部世界的集大成"中介"，因此，算法同样也是媒介[6]。由此可见，关于"算法为何"的讨论也在发展中，本文所探究的短视频用户的算法感知，并非仅限"算法是技术工具"这一视野，而是基于传播学视域下算法的多义进行考察。

关于"编码—解码"理论，斯图亚特·霍尔（Stuart Hall）在 1973 年发表的《电视话语的编码与解码》中运用符码来研究媒介传播过程中的一些文化现象与问题，在大众传播时代，受众对电视文本的解读立场是基于媒体文本本身以及符号学相关内容的分析。霍尔在解码环节采用三个假想的地位来建构电视话语的解码过程：主导—霸权的地位、协商的符码或者地位、对抗的符码或者地位[7]345。在智能传播背景下，解码理论仍具有生命力。阿德里安·肖（Andriene Shaw）在数字媒体背景下结合斯图亚特·霍尔的编码—解码模型和可供性理论，表明用户与特定数字媒体的互动模式反映了技术可供性的不同"使用位置"——偏好、协商和对立使用[8]。换句话说，解码反映在用户与媒体共同的实践中；它可以被视为一种交际代理的形式。丹麦哥本哈根大学的斯汀·隆伯格（Stine Lomberg）、帕特里克·海伯格·卡普施(Patrick Heiberg Kapsch)提出"解码算法"概念,其将传播理论中的解码作为一种重要策略来探究人们如何认识和理解算法,以及他们对日常媒体使用中的算法工作的评价和反应[9]。而在移动或者社交媒体时代,平台短视频实则由新媒体的语言构成,有学者基于符号学分析新媒体,指出新媒体新的维度——交互性、交互界面、数据库组织、空间导航等,人机交互界面已经成为信息社会重要的符号学符码和元工具。

将短视频推荐算法技术等同于大众传播时代的电视文本信息并不合理,算法实则是不可见的、隐匿于交互界面(新媒体的语言)的非人行动者。但是,之所以能够将解码理论运用到用户与短视频算法推荐的互动上,是由于解码理论强调了一个在沟通中构成的特征:在任何沟通变得有意义之前,必须通过在解释的过程中动用我们的符号学和社会文化知识来填补空白。

2. 算法解码:基于算法认知与算法体验的理论梳理

有关用户对算法解码的研究,即人们如何认识和理解算法,以及他们对日常媒体使用的算法的评价和反应的研究,众多学者从不同角度切入开展系列实证分析,并将用户面对算法之后的具体操作进行概念化表述,形成"算法想象""算法体验"等研究。

1) 算法解码的认知前提——算法想象

泰娜·布赫(Taina Bucher)指出,算法想象,即用户思考算法是什么,应该是什么,以及它们如何运作的方式[4]。算法想象的提出是基于人与算法相遇的各种情况和空间背景,思考在什么情况下人们会意识到算法。算法的隐藏性和不可见性使得用户忽视自身体验和理解。但是,正是由于对算法的了解会在一定程度上影响用户对这些平台的使用,我们需要思考当下短视频用户的算法想象。

诸多学者在数字媒体传播过程中将"算法想象"作为一个关键词拓展以用户为中心的研究。乔尔·斯瓦特(Joëlle Swart)的经验方法表明,用户通过生活体验,社交媒体的日常使用,信息、通信和社会媒体对数据和隐私丑闻的报道,建立了对算法的感知意识,创造了算法如何运行的民间理论[10]。国内的方师师基于"算法想象"概念提出"治理想象"观点,重点从管理导向、场景适用、记录铭刻三个层面就如何想象与算法进行互动的问题做出了解读[11];皇甫博媛从可供性视角理解用户与算法的互动,基于想象可供性理论提出一个算法可供性的分析框架,指出物质性、中介体验和情感态度构成了"算法想象"的核心元素[12]。王茜、李慧娟以微博"热搜"为例系统探究了社会化媒体的算法想象,考察了用户想象、认知和经验社会化媒体算法的方式,对媒体"实际采用什么样的算法"和"用户想要什么样的算法"两者关系进行对策思考[13]。在梳理"算法想象"文献的过程中,诸多学者强调了这样一个观点——用户与算法的交互使得用户对技术的未来想象成一种编码,从中可以解读出人们对个人生活和社会的基本价值判断,而用户如何解读抖音平台上的短视频算法推荐技术,是一个意义制作过程。

2) 算法解码的深度解读——算法体验

围绕用户接触算法之后的问题开展进一步探讨,就涉及算法体验问题,诸多国外学者关注到了算法体验问题,即将算法定义为"体验技术"的概念,它询问了年轻的新闻用户在社交媒体上对算法管理的感知、感受和行为，以及在什么情况下这些体验有助于他们对算法的理解[14]。韩国中央大学申东熙就用户如何与算法推荐资讯平台互动开展研究，其通过实证研究合理地推断用户通过调用认知过程，是算法的驱动力和算法推荐资讯系统的创造者，用户通过算法所看到的，就他们的认知而言，是一个认知构建的现实，它模拟了由先验的心理结构所塑造的积累经验的形式。也有学者进一步考察了用户通过日常使用社交媒体建立的认知知识和策略，这种体验的焦点包括不同的认知方式[10]。也有学者强调了"故事"在日常生活中想象和交互算法过程中所起的作用，"关于算法的故事"将被广义地理论化为普通用户彼此分享他们的算法生活经验的方式[15]。用户与算法如何交互涉及算法体验问题，用户对算法的解码在算法体验之后，本文也将结合用户的短视频算法体验进一步解读用户算法解码立场。

三、研究方法

本文采取深度访谈法以抖音用户为例定性研究了人们如何通过使用数字媒体来了解、感受和评估短视频背后看不见的推荐算法。据社交媒体管理平台科握公司（KAWO）的《2022 中国社交媒体营销终极指南》显示，截至 2021 年 9 月，抖音短视频的月活跃用户是7.19 亿。25～34 岁人群占比最大，达 39%。因而，在深度访谈过程中，重点选择 25～34 岁使用抖音的用户进行访谈，访谈分为两个阶段（受访信息如表 1 所示）。第一阶段访谈 13 位普通抖音用户。第二阶段访谈 6 位同为抖音用户的内容发布者、内容审核员和相关算法从业者。青年用户是抖音短视频的主体人群，本文所探究的正是"网络原住民"多大程度以及怎样解码短视频背后的算法技术，分析熟练"游走"各大算法推荐平台的他们，正在以怎样的态度与算法交互。

表 1 受访者信息

编码	性别	年龄	省份	职业
A1	女	27	山东	会计
A2	女	29	北京	人力资源管理人员
A3	男	26	河北	医生
A4	女	21	湖北	学生（硕士在读）
A5	女	22	山西	售货员
A6	女	25	上海	文案策划者
A7	男	27	河北	理发师
A8	女	32	山西	待业
A9	男	28	江苏	教师
A10	男	25	江苏	自由职业

（续表）

编码	性别	年龄	省份	职业
A11	女	23	重庆	待业
A12	男	26	江苏	学生(博士在读)
A13	男	25	湖北	大数据研发工程师
B1	女	27	重庆	探店博主
B2	女	25	福建	直播助理
B3	男	25	湖北	大数据标记员
B4	男	25	北京	抖音内容审核员
B5	男	30	辽宁	算法工程师
B6	女	27	广东	新媒体运营者

首先,询问受访者的短视频媒介使用习惯,来了解其短视频媒体的整体使用情况,包括使用的时长、频率、关注内容类型等。其次,进入访谈的核心环节,先让受访者打开抖音App,询问为什么界面会呈现这些内容以及对所呈现的这些内容的态度偏好,询问受访者能否意识到短视频背后的算法的支配以及对算法的了解程度,从而延伸至受访者对背后的推荐算法的解码立场。访谈采取线上语音方式进行,分为预访谈和正式访谈两个阶段,平均每人访谈时间为40分钟。

在本文中,算法解码态度指的是受访者在刷短视频过程中对背后算法的想象、感知与解读态度,算法解码态度背后隐含着受访者在日常媒介实践过程中的意义建构问题。

四、研究结果分析

通过访谈发现,受访者在应对短视频界面背后的推荐算法的解码态度分为以下四种:主导立场、协商立场、抵抗立场与漠不关心(一种无立场的立场)。普通用户采取不同立场来解码算法的态度及行为丰富了算法研究的民间理论。

1. 短视频用户的算法解码态度分析:一项基于抖音短视频用户的调研

安德鲁·格菲尔(Andrew Goffey)关注到这样一个问题:我们可以将算法理解为影响现实世界的陈述和行动。当算法进行排序、过滤、监视、推荐时,这些行为会影响现实世界。然而,这些行动必须被理解清楚[16]。因而,用户在与推荐算法交互后,算法影响了现实世界和用户,用户解码短视频平台算法的立场如下。

1) 主导立场:基于算法代理视角下的偏好式解读

所谓主导立场,即用户认为推荐算法是实用的、聪明的。算法的实用与聪明体现在能够将用户的每一次点赞、关注账号类型、界面停留时间等多重指标进行优先排序从而筛选出最相关的信息,给予用户更多正向沟通与频次反馈。

解码往往是由传播者在可控制的范围内开展,短视频平台的传播过程与大众传播不一样,算法本身在一定意义上成为主导者通过编码生产主导话语结构。"我们说'主导的',是因为存在着一种'被挑选出来的解读'方案:在这些解读内镌刻着制度/政治/意识形态的秩序,并使解读自身制度化[7]353。"在短视频媒介实践过程中,用户所采取的主导立场的解读实则是算法代理下的产物,用户认为算法推荐内容理所当然,对其背后的算法无过多了解,仅停留在短视频文本的考察层面,这是算法代理视角下的"技术无意识"的体现。算法代理介入短视频平台本质上是大众传播时代把关权转移的结果,算法对信息的把关与推荐决定了用户界面内容的呈现。作为非人网络行动者的算法所起到的代理作用对用户而言,是一种权力意志的体现。

A1:"你说短视频算法我还是不怎么了解的,你要是说大数据收集信息再给你推送,那我就大概知道这个算法的意思了。"

A2:"我主要是从那个朋友那里了解的,她们公司是做和业务相关的广告,应该会根据人们的需求来给你推送合适的商品。"

大部分用户虽然对"算法"概念的认识不是特别清晰,对这一技术是如何运作以及如何对自身产生影响并没有过多考虑,但是能够将推荐算法与日常短视频的媒介体验活动相关联,能通过基本的点赞、评论等交互行为让推荐算法发挥更大的作用,即在算法推荐驱动下对其界面呈现内容持积极态度。

A1:"我觉得抖音算法挺好的啊,可以节省我的时间,就是不用你自己搜了嘛,一打开都是我关注的那些博主,挺有意思的;而且我觉得算法挺聪明的,比如我喜欢美食的博主们,有时候一打开会推我之前没关注过的,就这样看,真心觉得给我推的几个博主都挺好的,像是深夜食客、安秋金这些!"

A3:"我是一名医生,然后也会在抖音上关注与医学科普有关的视频,有时候抖音会给我推送这些,用较短的时间学习也挺好的;也会给我推送附近同样对医学感兴趣的小伙伴的视频,有的是人家自己拍的,觉得挺有意思,就会点击关注,有时会在下边评论中聊天。"

这些例子展示了用户如何从一种算法占据主导地位的视角出发,以不同的情感感受来评估基于短视频平台的推荐算法。算法体验的情感维度考虑了算法产生的情绪、影响和感觉,这也可能引发用户对算法的反思,并有助于用户理解背后的算法技术在交流过程中所产生的意义。更为重要的是,用户与算法推荐技术相遇后的态度隐含了背后的文化实践意义。例如,有的用户通过点赞收藏加关注满足社交需求,通过点击算法所推荐的"朋友正在看"来进行连接;更有甚者,点赞抖音短视频成为用户认识好友的一大利器,通过点赞来与同领域博主连接,并以对方点赞视频的水准来标签化地重新定义一个人,这是算法技术背后所隐含的对现实生活中人际关系的一种重新连接。

2) 协商立场:算法可见性与用户自我展演的"对话"结果

协商立场是一种面对算法推荐所采取的迂回策略,用户在使用过程中虽然能够感受到算法推荐所带来的影响(正面与负面),但是能够在算法运行逻辑之内采取相关措施,通过与算法的交互最大限度地达成自己的目的,这里用户的主观能动性十分重要。而用户对算法的协商立场可从外部的算法可见性、内部的自我展演来解读。

(1)基于算法可见性视角与算法系统"协商"。关于霍尔所提出的协商式立场的解码,是其在引用葛兰西霸权理论时,看到了编码—解码过程中包容与控制的双向运作。"在协调的看法内解码包含着相容因素与对抗因素的混合:它认可旨在形成宏大意义(抽象)的霸权性界定的合法性,然而,在一个更有限的、情境的(定位的)层次上,它制定自己的基本规则——依据背离规则的例外运作[7]357。"大众传播时代,用户对电视文本内容的解码所采取的协商式立场是在一定程度上认可主导者所占据的地位,在特定情境下又可能通过对主导符码采取抵抗的态度来获取自身利益。协商的立场体现出解码者站在自身角度来与系统对抗的可能性,也体现出解码者的矛盾心理。将其与算法传播结合来分析用户对算法驱动下内容的解读和立场,部分用户在面对算法推送同领域内容时会采取所谓的"协商立场"。

A1:"比如我在抖音看德云社视频的时候,我不点赞、不收藏,就是希望它能够给我推荐更多的相关内容,我要是点赞了就老给我推这一个演员的视频,我想看到更多相声演员的视频。"

B1:"我从大二就开始尝试做自媒体,现在粉丝量5.4万,也学过跟抖音内容运营有关的知识,现在一想,其实就是揣摩做的短视频怎么火起来,来让这个算法给你推出去。通过尝试在不同时段推、蹭热点等来让自己做的内容火起来,我觉得抖音算法像是有窍门一样,有时候确实能火一两个视频。"

这里可以发现用户对抖音短视频背后的算法有了一定的认知与想象,能够意识到算法的基本运作逻辑,但是对于算法代理并非完全认同,短视频平台的内容供给是依托算法所遵循的"内容—用户"的逻辑,算法行动的根本依据是平台管理者、算法设计者等"代言人"的价值逻辑。

(2)基于用户自我展演视角与算法系统"协商"。用户能够站在一种游移的立场来与算法"周旋",既想要短视频算法满足自身需求,又想在短视频页面中隐藏短视频推荐算法运作的痕迹来获取自身利益。欧文·戈夫曼(Erving Goffman)认为个人身份的维持需要依靠在不同舞台中的持续性表演,这里的"舞台"在数字时代即指向了社交媒体用户所要面对的不同"社交语境"。一旦语境发生崩溃,彼此区隔的场景发生交融、碰撞,不同场景中的"观众"重叠在一起,会给表演者带来对语境冲突的强烈感知,进而根据"交叠的语境"带来的"交融的受众"来重新确定"表演方式"——自我呈现策略[17]。而对于抖音上的用户来说,在特定情境下会出现"社交语境"坍塌风险,因而,用户在想要获取某些信息,但又不想要算法捕捉其痕迹时,会采取一种迂回的方式与算法博弈,行使"不点赞与不评论"的权利来继续让算法推荐技术来"猜"自身的需求,遏制传播内容的窄化,提升推送内容的格调;也有用户意识到点赞之后算法推荐内容所带来的伦理问题,用"收藏"的方式代替"点赞"来掩盖部分需求。

A6:"有一种情况比较特殊,看到一些颜值很高的博主,既想让它推荐又不想太明显,我发现好多小伙伴会留言'请大数据记住我',这个梗很有意思。"

A12:"我的页面上会出现相亲的广告,给我推荐一些相亲 App,也会出现同城很漂亮的单身女性,但是我在刷短视频的时候不太乐意让周围人看到我在看这些东西,担心别人说我随便在网上加那么多好看的小姐姐,给我贴上'对待爱情很随便'的标签,所以我看到这些就不点赞,担心越推荐越多。"

3) 抵抗立场:多元媒介体验行为体现抵抗的可能性

与主导立场形成鲜明对比的是,抵抗立场则是以负面评价态度对算法所持有的一种立场。根据霍尔的说法,"电视观众有可能完全理解话语赋予字面和内涵意义的曲折变化,但以一种全然相反的方式去解码信息"。这表明,解码者通过自我身份的认同,在完全理解主导符码的情况下,完全反抗主导霸权的地位[1]。在用户的短视频实践过程中,当其意识到与背后算法交互带来负面影响之时,这部分用户更多采取抵抗立场来进行算法解码,这部分用户的算法意识相对较高,偏向于将算法归为"有问题的技术",例如,算法技术的滥用会侵犯用户的隐私等。用户抵抗算法行为的产生有助于我们重新思考智能传播问题,人与看不见的技术的交互行为背后体现了用户代理的回归,是对算法"投喂"泛滥的一种重新定向,因而,用户采取抵抗立场来应对短视频推荐技术,也是在有意识地对抗主导符码的短视频实践。

第一,用户在短视频媒介实践过程中所采取的抵抗策略是限制使用时长,以此来达到消除算法推荐所带来的负面影响。"我感到挺羞愧的,一方面自己的工作是想方设法让更多的用户在自己的 App 中多停留,另一方面自己在使用算法推荐类 App 时更多关注自身的内容需求,一旦发现有成瘾的趋势,我就会给自己设置 App 使用时长或是直接卸载。"(B3)

第二,通过"不感兴趣""以游客模式浏览"等方式减少算法所推送的广告含量较多的内容。"我觉得抖音的算法推荐机制就像是'精神鸦片',会让你上瘾,其实对我们成年人还好,因为有辨别能力,平时工作忙,最多当作放松的工具,但是对青少年就不一样了,现在那么多小孩子的梦想就是当主播、当网红,青少年很容易受抖音上一些价值观不太正确的内容影响"(A2)。"抖音老是给我推送一些相亲视频,像是一直在提示我是单身,单身也没有什么不好啊。噢,对了,还给我推送相亲的广告,我觉得这是对我的一种冒犯。"(A12)

第三,通过"随意搜索来打乱算法所贴的标签",这是对平台算法的一种可控性管理,也是对平台算法的一次尝试性"对抗"。"我有时候会在抖音搜索栏随便搜一些有意思的内容,比如旅行、插花等,也会搜我其实不太感兴趣的财经新闻、国内外大事等,我这样做的目的是让页面丰富起来,毕竟多了解点新闻倒不是什么坏事,不至于越看内容越重复,尤其是莫名其妙火起来的一个段子出现100次。"(A12)

"算法抵抗"作为用以表征社交媒体用户对推荐算法的一种干预性数字能动实践,也是一种"逆算法实践行为",所谓"逆算法实践行为",即用户遵守算法逻辑,但抵制他们的输出,通过"欺骗"算法,纠正算法的偏见结果的一种行为。当关注用户与短视频平台背后的算法交互时,尤其看到部分用户虽然意识到算法负面影响继而在算法运行逻辑之下采取部分抵抗行为时,这显示了部分用户有夺回用户代理权的意识。"我会在抖音搜索栏随意搜美食、旅行,甚至是自己不熟悉的领域,比如绘画、相声等等,我想要打乱算法对我喜好的猜测!"(B6)回到肖以及与数字媒体的不同交互模式反映了用户对可供性的偏好、协商和对立解码的想法,我们的研究谈到了传播理论,更具体地说是数字基础设施中的传播代理,虽然用户一旦在日常生活中被算法系统所包围,他们似乎就失去了代理权,但积极策划、隐瞒或标记信息以调整系统并增强隐私和逃避精确分析的小行为确实是对系统进行反击的颠覆性手段,这些是用户主观能力的体现——一些用户执行保护策略和试图通过与界面的交互来影响或规避算法系统,这在一定程度上是一种算法抵抗行为,这种行为背后彰显了平台社会应对"算法霸权"的可能性。

4) 漠不关心:一种无立场的立场

用户在与抖音短视频算法进行交互过程中,所采取的立场还有超出三种之外的选择,即漠不关心的立场,这同样是一种态度。短视频平台就像是表演媒介,背后的算法以最大公约数的形式"形塑"了我们每一个人的界面,呈现他们所要表现的样貌,并以最保守的方式来试探用户的喜好,结合用户传递的信号来不断为用户提供内容参考。短视频的算法逻辑并不仅仅是进行资讯排序,还会介入用户与用户之间,通过将情感数据化,用户与好友的点赞、评论被算法识别,并被广告商将这一切又转化为潜在的数据,当各类存放着众多数据的平台在社会上无处不在时,也表示算法的权力日渐增加,而作为一向被视作网络原住民的年轻用户来说,若其将媒介背后的算法忽视,就有可能带来潜在风险。而这种对算法推荐技术漠不关心的态度可能会让用户的正当权益受到侵害,比如部分隐私的让渡。

A7:"什么是算法抵抗啊? 看到不喜欢的就划过去就可以了! 我为什么要抵抗呢,我也没有那么多的时间研究抖音背后的东西,它对我来说就是消磨时间的小工具。"

A10:"我没有关注过算法啊,我知道它经常给我推喜欢的,那就推就好了,本来就是我喜欢看的;当给我推送不喜欢的内容时候,我就划一下就行了,我去思考那个算法干什么呢?"

而人们与算法交互的情境,无疑影响了他们思考谈论和感受算法的方式。伊斯特·哈吉特(Eszter Hargittai)与爱丽丝·马威克(Alice Marwick)等人通过焦点小组访谈等方法验证"隐私悖论"的存在,指出年轻人声称在关心隐私的同时,也通过社交媒体出让了大量的个人信息。用户对网络隐私有一种冷漠或愤世嫉俗的感觉,并特别认为侵犯隐私是不可避免的[18]。与"隐私悖论"的存在相似的是,部分用户对待短视频的推荐算法持漠不关心的态度,虽然能够感受到个性化推荐算法为其带来的多重影响,但是仍旧在该算法运作逻辑下进行行动。"站在个人角度来说,因为个性化可以节省我的时间啊,我可以看更多我喜欢的东西,虽然或许没有什么营养,怎么说呢,这就像我们都知道熬夜有害健康,但还是忍不住熬夜。"(A2)而这种基于用户认知的算法解码态度所隐含的意义同样值得反思。

2. 理解用户"对抗式"的算法解码:一种探寻主体性的逆算法实践尝试

再回到一开始的问题——用户正在关闭算法推荐吗? 这并非具有确证的答案,虽然部分用户已经意识到一键关闭平台算法推荐按钮的存在,但是通过调研发现想要关闭这一按钮的用户属于少数。即便是存在于少数群体的对抗式的态度,但这背后实际体现了一种用户想要开展逆算法实践的尝试,这可为算法传播视域下人与技术良好交互提供实践层面的参考。

通过对访谈结果的分析,部分用户在短视频平台的算法抵抗行为恰恰体现了用户将自身的意识带到智能传播交流实践中,此类型的逆算法实践需依托用户来实现,这也为分析用户代理在整个算法系统中的夺回能动性提供一种思路。正如塔利顿·吉莱斯皮(Tarleton Gillespie)所言:算法正在成为一种"控制我们所依赖的信息流的关键逻辑"。对算法的研究强调了数据化现象的编辑和可视化是如何塑造我们对世界的理解以及我们在其中的位置[19]。而部分用户能够在无休止的算法个性化投喂中寻回主体性,这同样是基于用户与算法互动视角下用户主体价值的寻回,同时也是对算法推荐"伪个性化"的一种反思。

五、结语

随着算法以匹配、调节与控制等方式塑造了事物之间的关系,并由此获取权力[20],探究用户的算法解码与算法代理的关系至关重要。用户对短视频算法的解码呈现四种立场:主导、协商、抵抗与漠不关心,不同算法解码立场背后建构着不同的媒介意义。"技术无意识"和"有意识的用户"之间的区别在这里变得相关:用户对数据流和自身控制数据流的能力了解多少? 推荐算法运行的背后离不开平台激增的用户数据。平台培养了用户特定的使用风格,实际的用户与该平台的交互促使平台数据变得有价值。

用户对自身所感知的算法是真实的。通过对用户体验算法方式以及用户解码算法立场的调研,能够在一定程度上还原当下短视频算法的运作模式,从分发结果来倒推短视频推进算法是参照何种模式进行工作的,这有助于提升智能传播背景下用户的算法感知,也能够将算法权力的运作模式在一定程度上进行公开,从而思考更加深入的问题,即"算法分发和决策系统就一定是公平、高效的吗?"由此,我们须警惕更深层次的问题——算法代理背后的"自动化拜物教"等问题。"数据主义导致数字化极权主义的形成。因此,第三次启蒙运动是必要的,它让我们清楚:数字化的启蒙运动已经被奴役了[21]。"在当下深度媒介化背景下,数据化的社会、政治、文化和公民生活,普通用户需要了解他们的数据发生了什么,他们的数据是如何被技术,尤其是算法技术作用于平台上并对其产生影响的,也需要思考数据驱动的操作以及算法推荐运作的逻辑对媒介真实的实际影响方式。因而,关注用户与平台背后看不见的算法的交互行为的解码立场是有价值且必要的,这能够基于用户视角对算法传播进行反思,也有助于在智能传播背景下重新思考同样作为行动者的算法技术对用户的影响,以用户的反馈来倒逼该算法系统释放更大的人文价值。

参考文献

[1] 师文,陈昌凤,吕宇翔. 逻辑、发现与局限:近五年来智媒研究的六种算法话语[J]. 编辑之友,2022(4):82 - 89.

[2] 彭兰. 生存、认知、关系:算法将如何改变我们[J]. 新闻界,2021(3):45 - 53.

[3] 徐笛. 算法实践中的多义与转义:以新闻推荐算法为例[J]. 新闻大学,2019(12):39 - 49.

[4] Bucher T. The algorithmic imaginary: exploring the ordinary affects of Facebook algorithms [J]. Information, communication & society, 2017(20):30 - 44.

[5] 师文,陈昌凤. 分布与互动模式:社交机器人操纵 Twitter 的中国议题研究[J]. 国际新闻界,2020(5):61 - 80.

[6] 喻国明. 算法即媒介:如何读解这一未来传播的关键命题[J]. 传媒观察,2022(4):29 - 32.

[7] 罗钢,刘象愚. 文化研究读本[M]. 北京:中国社会科学出版社,2000.

[8] Shaw A. Encoding and decoding affordances: Stuart Hall and interactive media technologies [J]. Media, culture & society, 2017(39):592 - 602.

[9] Lomborg S, Kapsch P H. Decoding algorithms [J]. Media, culture & society, 2019, 42(5):1 - 17.

[10] Swart J. Experiencing algorithms: how young people understand, feel about, and engage with algorithmic news selection on social media [J]. Social media + society, 2021, 7(2):05630512110088.

[11] 方师师. 算法推荐管理规定中的政策矩阵与互动想象[J]. 青年记者,2021(19):81 - 82.

[12] 皇甫博媛. "算法崩溃"时分:从可供性视角理解用户与算法的互动[J]. 新闻记者,2021(4):55 - 64.

[13] 王茜,李慧娟. 社会化媒体的算法想象研究:以微博"热搜"为例[J]. 文化与传播,2020(9):88 - 92.

[14] Cotter K, Reisdorf B. Algorithmic knowledge gaps: a new horizon of (digital) inequality [J]. International journal of communication, 2020(14):745 - 765.

[15] Schellewald A. Theorizing "stories about algorithms" as a mechanism in the formation and maintenance of algorithmic imaginaries [J]. Social media + society, 2022(1):77 - 103.

[16] Goffey A. Algorithm [M]//Fuller M. Software studies: a lexicon. Cambridge: MIT Press, 2008:15 - 20.

[17] 吕行,金忻淳. "何人可见"与"何时可见":双重语境崩溃下社交媒体用户的自我呈现管理——一项对于微信朋友圈可见性控制的考察[J]. 新媒体研究,2021(7):37 - 41+55.

[18] Hargittai E, Marwick A. "What can I really do?" explaining the privacy paradox with online apathy [J]. International journal of communication, 2016(10):3737 - 3757.

［19］Gillespie T. Social relevance of algorithms ［M］//Gillespie T, Boczkowski P J, Foot K A. Media technologies: essays on communication, materiality, and society. Cambridge: MIT Press, 2014.

［20］彭兰.生存、认知、关系:算法将如何改变我们[J].新闻界,2021(3):45－53.

［21］韩炳哲.精神政治学[M].关玉红,译.北京:中信出版集团,2019:36.

城市咖啡馆：空间媒介的信息流动与文化生产

——以星巴克咖啡为例

夏怡迪①

【摘 要】 在传播学"空间转向"的背景下，本文以城市咖啡馆作为研究对象，选取星巴克咖啡作为研究案例，使用田野调查的方式探究空间媒介的信息流动与文化生产。本文从城市咖啡馆的物质性、符号化与可见性、社会关系的表征三方面阐述其何以成为一种媒介，具有怎样的媒介属性。作为一种空间媒介，信息流动与文化生产是城市咖啡馆最显著的功能与特征。作为一个信息场，其空间中存在可见的环境、人与物之间的信息流动与共享，也存在着资本流动、产业链与行业标准的建立这类不可见的信息流动。同时，城市咖啡馆作为一个文化生产场域，通过对西方文化的转译、与消费主义的联结以及与其他媒介的"媒介组合"生产特定的文化和价值观念，进行空间意义的延伸。

【关键词】 空间媒介；城市咖啡馆；星巴克；信息流动；文化生产

长期以来，"空间"在传播学的研究中并未被重视，各个学派习惯从结构功能的角度看待大众媒介，将其仅仅视为一个信息传递的工具，直到 20 世纪后半叶，社会科学和人文学科领域才开始重视"空间"，出现较为明显的"空间转向"。列斐伏尔（Henri Lefebvre）反复强调，理解空间生产的运行机制，是理解当代发达工业社会的重要路径之一，"空间不仅仅是作为一种物理场所存在的，更是一种被社会实践生产出来的社会空间"[1]。如今，空间作为社会学的一个核心命题已经被广泛讨论，有关空间的研究最终都不约而同地指向了社会关系。空间成为社会关系的表征，并具有了媒介的属性，传播学学者们也开始关注长期被忽视的"空间"维度，开启了关于"空间媒介化"的研究。

咖啡馆，典型的西方文化产物之一，经由全球化的传播来到中国并迅速发展。"我不在咖啡馆，就在去咖啡馆的路上"，法国文豪巴尔扎克嗜咖啡如命，百年后的今天，"靠咖啡续命"成了当代青年人的真实写照。咖啡消费，成为现代城市消费的标配之一，也是当代都市人生活方式的代表性特征之一。《2022 中国咖啡消费洞察报告》指出，中国的咖啡市场前景广阔，咖啡消费规模逐年扩大。2021 年，中国现制咖啡行业市场规模达 89.7 亿元，较 2020年增长 41.7%，预计 2023 年市场规模将达到 157.9 亿[2]。仅上海一地，咖啡店数量就达

---

① 上海交通大学媒体与传播学院硕士研究生。

到了7857家。城市咖啡馆已经不再是一个单纯的物理空间，而是一个集休闲娱乐空间、文化生产空间、信息流动载体于一身的复合空间，在方方面面影响着人们的日常生活。哈贝马斯认为，咖啡馆是公共领域的典型代表，在咖啡馆空间里人们既不受公共权力的制约，又跨越个人隐私，这使得人们开始关注公共事件。然而，哈贝马斯的理论也有一定的局限性，他所设计的资产阶级公共领域的理想模式具有明显的乌托邦色彩，在当今时代，已经不能适应公共领域的多元化的现状。

在传播学空间转向的背景下，本文旨在内化前人已有的空间理论，摒弃其局限性，解决城市咖啡馆何以成为一种媒介，具有怎样的媒介属性，又是怎样承载信息流动与文化生产的功能，进行意义的生产与延伸等问题，最终为城市咖啡馆及其他城市公共空间的长效发展提供借鉴意义。为了解决上述问题，笔者以田野调查的方式进行调研。城市中的咖啡馆品类繁多，因此想要有针对性地进行研究就必须选择个案研究的方法，以求全面而深入地理解研究问题。本文选择星巴克咖啡作为研究案例，2023年3月—5月，笔者以顾客的身份多次到上海、北京不同的星巴克中进行观察。通过观察，了解到星巴克咖啡的装修设计、店内氛围、产品销售、顾客、店员的活动状态等等。除此之外，笔者还与多位星巴克的熟客进行深度访谈，了解他们日常来到星巴克的动机、需求、行为偏好、对空间的感知等等，以求对咖啡馆有进一步的了解（见表1）。

表1　访谈对象名单

访谈对象编号	姓名	年龄	所在地	职业身份
S1	陈××	20	广东省广州市	本科三年级学生
S2	刘×	20	上海市	本科二年级学生
S3	刘××	26	英国伦敦	博士三年级学生
S4	柳×	33	北京市	教育行业从业者
S5	王××	22	湖北省武汉市	本科四年级学生
S6	王××	25	山西省太原市	机械工程设计师
S7	肖××	24	湖南省长沙市	硕士二年级学生
S8	张×	22	上海市	本科四年级学生
S9	赵×	20	江苏省无锡市	大专三年级学生
S10	朱××	22	上海市	本科四年级学生

一、城市咖啡馆的媒介属性

作为城市中随处可见的实体空间，城市咖啡馆何以成为一种空间媒介？它具有怎样的媒介属性,又如何凸显与传播、物质性的关联呢? 讨论这些问题的前提是摆脱传统功能主义的视角,从更加宏观、全面的视野出发审视媒介与媒介物。

长期以来,传播学对于媒介的定义都限于一个较为狭窄的框架中,重点研究文字、符号及信息传递等内容。随着传播学界物质转向日渐明显,对于媒介的定义呈现广义化的趋势,传播学的研究边界被不断拓宽。弗里德里希·基特勒(Friedrich Kittler)和马修·格林芬(Matthew Griffin)指出,城市中的建筑、交通、公共空间等都是承载社会生活的媒介,这些公共渠道的存在使城市的网络结构和各项功能得以持续性地发挥作用[3]。雷吉斯·德布雷(Regis Debray)也曾说过:"一个咖啡馆、一次研讨会、一座科学研究院,在各种机会条件下,只要是用来作为一个组织集体变化(比如一种思想潮流)的载体,作为某种思想形成的模式,都可以承担'中介'的功能[4]。"

1. 城市咖啡馆的物质性

首先,城市咖啡馆作为一个物理空间,具有空间的物质性。城市咖啡馆具有一定的物质特质,是一个由建筑、装饰、家具、设备等物质元素组成的场所,比如柜台、桌椅、沙发、咖啡机等,并且通常具有固定的空间布局。这些物质元素赋予了咖啡馆一种固定的外观和形态,使其在一定程度上独特且可辨识。这种物质性使得咖啡馆成为一个有形的存在,提供了一个具体的空间,供人们进行社交、工作和休闲等活动。咖啡馆的物质性为其成为一种媒介提供了物质基础,影响或制约社会互动,能动地形塑了社会关系。

其次,这类物质特质可以超越(至少阶段性地超越)社会建构的时空语境,并保持相对稳定,即具有一种"固着性"。咖啡馆的功能、空间特质和物质形式在不同的城市和文化中可能存在一些差异,但其基本的内在特质和功能保持相对稳定,在一定程度上超越了具体的社会背景和时间。例如,从出现之初,咖啡馆就是人们用于购买咖啡、短暂休憩、社交或工作的场所。

最后,城市咖啡馆的物质性既是被"社会化地"构成的,又起到影响和制约传播行为的作用。当我们强调物质性时,并不意味着从中提炼出一个纯粹抽象的概念,只研究某物的技术特性、构成材料,而是为了讨论它"物质的与制度性的秩序"是如何超越特定被使用的情景,对社会关系、社会互动的构建产生了怎样的影响或约束。正如戴宇辰所言:"理解某物的物质性意味着理解它的关系网络",并"将其与相关联的社会实践网络挂钩[5]。"对于城市咖啡馆而言,一方面,"空间联结了物质空间中参与实践的各种物和人,并将他们的意向反映在空间实践中"。它的位置、环境、装修、提供的基础设施(桌椅、插座、卫生间)等都是设计者根据其想要实现的功能有意建构的。另一方面,这些物质自身也会影响和约束人们在此空间中的行为,进而影响它对于社会关系、社会互动的塑造。

2. 城市咖啡馆的符号化与可见性

虽然本文是在传播学物质转向的背景下讨论媒介,但并非单纯地否定符号传播,而是研究物质基础和符号信息如何在共生模式之下共同构建传播过程。城市咖啡馆作为一个物质空间,想要实现承载信息、生产文化的功能,需要完成自身的符号化。无论是城市咖啡馆中的各种物品,还是咖啡馆自身,都是被符号化的,承载特殊的意义和内涵。而这种符号化的结果,是使得本不可见的社会关系变得可见,即城市咖啡馆的"可见性"。

城市咖啡馆的符号化,意味着咖啡馆中的各种物质元素被赋予了一定的符号意义和象征性。城市咖啡馆的装修风格、音乐选择、产品价格等,都是在为特定社会群体服务的基础上设计和提供的,这些细节和元素营造了一种特定社会身份和地位的象征,超越了它们的实际功能,成为一种文化和社会的表达。例如,星巴克欧式的装修、播放的爵士乐在人们心中代表着西方文化,咖啡馆整体象征着一种高品质、小资生活方式等等。

这种符号化使得本不可见的文化、社会关系、社会身份等变得可见。例如,城市咖啡馆凭借其高档的装修、较高的价格表征了消费者的阶级、身份和社会地位,变成了皮埃尔·布尔迪厄(Pierre Bourdieu)所言的"品味"(taste)的一种符号表达,使得顾客们本不可见的身份地位变得可见。城市咖啡馆实际成为一种他们对外展示阶级、身份、地位等信息的媒介,是这些信息进行"可见性"实践的物质空间。

3. 城市咖啡馆是社会关系的表征

李彬认为:"空间因成为社会关系的表征而具有了媒介的属性[6]。"城市咖啡馆能够传达特定的社会关系、价值观念和文化,因而成为社会关系的表征。

一方面,咖啡馆提供了人们社交和互动的平台,促进了人与人之间的社会联系。咖啡馆作为城市中一个开放的公共空间,吸引了各种不同背景和爱好的人在此进行交流和互动。这种社交互动不仅扩展了个人的社交圈,还促进了社区的凝聚力和社会网络的建立。咖啡馆也常常举办各种社交活动,如音乐表演、读书俱乐部或主题派对,进一步推动社会关系的建立和发展。

另一方面,城市咖啡馆作为社会关系的表征还可以通过提供社会身份认同的场所来展示个人或团体的特定社会关系。例如,某些咖啡馆可能成为特定群体的聚集地,比如艺术家、文学爱好者、商业人士或学生群体。这些咖啡馆为这些群体提供了一个共享兴趣、交流创意和建立社交网络的场所。在这些咖啡馆中,人们可以找到与自己相似背景和兴趣的人,建立联系,并在这种共同体中获得认同感和归属感。

综上,因为能够成为社会关系的表征,城市咖啡馆具有了媒介属性。

二、信息流动:作为信息场的星巴克咖啡

李彬指出:"空间媒介化,指实在空间逐渐被纳入媒介范畴,履行着传播信息的功能[6]。"城市咖啡馆作为一种空间媒介,同时也是传递信息的媒介。在星巴克这个空间中,存在可见的信息流动,也存在不可见的信息流动,是一个信息场。凯伦·费舍尔(Karen Fisher)认为:"信息场是人们为了一个特定的目的聚集起来而被临时创建的环境,在这个环境中人们的信息行为促进了无意识的和偶然的信息共享的发生[7]。"

咖啡馆这个空间被构建出来,初衷虽然不是共享和传递信息,但因为其自身所具有的媒介性,起到了承载信息传递的功能,并因为其特有的物质性影响、促进或制约信息的流动与共享。

1. 可见的信息：环境、人与物

1）空间环境的影响与制约

费舍尔认为："信息场是在具体的环境中构建的，场所状况作为信息场的实现条件决定着行为的方向和强度。"顾客进入咖啡馆，凭借视觉、嗅觉、触觉、听觉感知环境。雅克·艾吕尔（Jacques Ellul）认为，物质技术与人体的互动体现在，技术本身是既有政治、经济、社会和文化的体现或"具身化"（embodiment），它表征并内含了设计者的价值观念、预想期待和喜爱偏好[8]。因此，咖啡馆的环境承载设计者想要传达给顾客的信息，代表着设计者的理念和目的，并影响或制约人在空间中的行为。

星巴克作为全球知名的连锁咖啡馆，门店设计往往有统一的标准。首先，星巴克整体装修以咖啡色、原木色系色调为主，桌椅、柜子和地板都倾向使用木质材料，咖啡搅拌棒、杯盖、咖啡机等配套用具也被设计成了同色系，线条轮廓都要求与室内装潢相适配，希望让顾客能够感受到空间的高雅、稳重及温馨。其次，星巴克墙上还会悬挂着多幅内容为咖啡器具、咖啡豆种植地分布图、产地人文活动和当地风景的大尺寸绘画，以供顾客从中了解品牌文化，产生情感认同。最后，店内独特醒目的绿色美人鱼标志，也使得空间有了辨识度和排他性。在听觉上，星巴克大多播放英文爵士乐或舒畅轻快的轻音乐，这在增加店内氛围的同时充分让顾客放松心情。在嗅觉上，星巴克以独创的"重烘焙式方法"烘焙咖啡豆，使得店里充满较为明显的咖啡香气。此外，星巴克内全面禁烟，严禁员工使用香水，并且绝对不采用化学香精加工的调味咖啡豆，不卖味道浓烈的热食。这一切都是为了保证店内浓郁且自然的咖啡香气。这些环境的设计，无不在向顾客传达一种高雅、舒适的品牌调性。

S7：如果提到星巴克，我心中的印象应该就是门口有一个比较大的绿色美人鱼标识，里面是比较低的背景音乐，一般是纯音乐或者是英文歌曲。从色彩上面来说，我的印象中一般都是浅棕色。然后布局的话，会有很多单个的桌子、靠窗的桌子，以及靠墙的长沙发，或者是有一张很长的木质桌子，两边都可以坐人。整体感觉比较安静舒适，比较典雅。

星巴克常用的空间塑造方法还有利用桌椅的摆放对空间进行分区，达成私密性与公共性的和谐统一。一般的星巴克中会有三类座位区，分别是"团队社交区""多人半私密区"和"个人私密区"。星巴克在设计装修时会利用桌椅摆放、墙壁阻隔、屏风装饰等进行功能区域的区分，达到满足不同顾客需求的目的。用墙壁、屏风等阻隔的区域叫做"实围合"区域，这类区域具有较强的私密性，适合进行工作、学习或者私密谈话；而用装饰、桌椅阻隔的区域叫做"虚围合"区域，这类区域既具有一定的私密性，又不妨碍空间中人与人之间的视线交流与氛围感染，鼓励互不相识的人产生社交互动（见图1）。

除环境设计外，店内的基础设施也起到信息传递的作用。在受访的十位消费者中，几乎都提到如果在咖啡馆中停留，希望咖啡馆能够提供舒适的座椅和充足的插座，部分受访者还提到希望店内有洗手间。将瑞幸咖啡与星巴克进行对比可以发现，瑞幸咖啡主打外带咖啡，以性价比作为核心卖点，希望顾客即拿即走，因而门店面积一般很小，店内只会提供

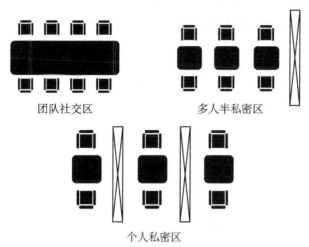

团队社交区　　　　多人半私密区

个人私密区

图1　星巴克咖啡的常见座位种类示意图

少量的座椅，也基本没有其他的设施可供使用。总的来说，咖啡馆中的基础设施也是传播信息的媒介，能够传达出咖啡馆的设计者是否希望人们在空间中停留，并且联结空间、感受空间的意愿。

2）店员与顾客间的相互影响

店员形象是企业和门店视觉形象的重要组成部分，也是品牌展示形象的重要途径。一家咖啡馆中常见的店员有店长、咖啡师、收银员，他们每天在咖啡馆中直接或间接的与顾客产生联系，为顾客提供产品和服务。

与其他咖啡馆不同，星巴克的员工都被叫作"伙伴"。他们会根据级别穿着颜色不一的咖啡围裙，负责为顾客点单、制作餐品和清理餐余垃圾。他们与顾客之间主要发生三个层次的信息交流：

首先是点单与推荐产品。对于比较熟悉产品的顾客来说，直接点单是他们的选择。而对于没有那么熟悉各种咖啡口味、差别的顾客，有时会选择请店员进行推荐。星巴克对员工会进行专业知识的培训，因此对于种类繁多的咖啡来说，店员往往被认为具有对于产品的权威了解。

其次是推销会员卡和周边产品。会员卡、周边产品等一般陈列在点单台附近，供客人在等候点单之余选购。如果注意到顾客对于周边产品有兴趣，店员就会进行简单的推销，推荐选购新品的杯子或者会员卡"星礼卡"。

最后是店员向顾客展现的整体形象与服务态度。店员作为咖啡店的门面，其形象能够展现品牌的形象和定位。星巴克的服务文化强调热情、亲切和友好，要求员工有积极主动的态度，主动与客人交流，给顾客留下良好的印象。同时，星巴克强调服务质量，要求员工在服务过程中注意细节，如注意顾客的需求和反馈，保持店内的整洁等。除此之外，星巴克对员工的专业知识要求较高，需要了解咖啡的种类、烘焙、制作方法、杯型等知识，以便向客人提供专业的建议和服务。这些都向顾客展现出星巴克是一个注重服务质量、能够提供高品质产品和服务、具有良好服务文化、注重员工培训和发展的高端咖啡品牌。

S6：我的印象中这几家咖啡厅的店员差别还挺大的，星巴克的话，一进去店员就会热情地打招呼，问你要喝点什么，也会介绍产品，我办会员卡也是因为他说我点得多，办卡比较划算。像瑞幸就能明显感觉到店员都很忙，排单非常多，除了取餐不会跟你有过多的交流，我也不期望能在这里得到什么服务，一般拿了就走。

咖啡馆中的顾客之间也会产生相互的影响。一方面，顾客对于来到这个空间中的其他顾客有提前的预期，并产生群体认同感，在不经意间完成了信息共享。亨利·泰菲尔（Henry Tajfel）认为，人们在不同的社会情境中，会倾向于将自己与某些群体或社会范畴联系起来，从而形成对这些群体或社会范畴的认同感和归属感。例如，星巴克的顾客往往给人留下素质较高的白领、商旅人士的印象，因此，来到这个空间中的人会希望其他顾客都拥有比较高的素质，并且会不自觉地认为自己也是这个群体中的一员，因而产生认同感和归属感。

另一方面，空间中他人的行为会影响自身的行为。美国心理学家阿尔伯特·班杜拉（Albert Bandura）认为，人们通过观察和模仿他人的行为、态度和情感等来学习和适应社会环境。在咖啡馆这个空间中，人们会相互观察、交流，从而产生相互的影响，进而影响他们的行为、态度和情感等。

S2：我选择星巴克办公，还有一个原因是觉得里面的顾客素质都比较高，不会很吵闹，也不会有很多小孩什么的，同样办公的白领比较多。而且我也会受到周围人的影响，当看到大家都在很认真地办公，虽然我知道也没有人会专门看我，但还是会不好意思一直玩手机，因此效率也会高一些。

3）空间的延伸：品牌周边产品

周边产品的销售也是咖啡馆的收入来源之一，许多咖啡馆都会开发品牌咖啡豆、定制杯具、帆布包、钥匙扣等周边产品。以星巴克为例，几乎每家门店都设有品牌杯具专柜，直销各式各样的咖啡杯、马克杯、保温杯等，这些杯子的营收业绩每年能够占星巴克总营业额的5%。在受访的十人中，有九人都表示自己曾买过星巴克的杯子。

S4：我买过星巴克城市系列的杯子，我是济南人，所以买了济南的。为什么买呢，虽说感觉这个杯子有品牌的溢价，但感觉整体的这个设计感不错，平时也能用，并且还是对星巴克品牌本身有认同感。星巴克的品牌调性还是比较高的，如果是Manner或者说瑞幸出杯子我应该不会买。

出于对产品的喜爱或者对品牌的认同感，顾客购买这些咖啡馆的周边产品，并将其带离这个空间，在日常生活中使用。而这些周边产品往往在有设计感的同时，带有明显的品牌烙印。顾客在咖啡馆这一空间中选购周边产品，品牌经由周边产品将品牌形象、品牌理念传递给顾客，顾客再用这些周边产品将品牌信息传递给更多的人。这样一来，周边产品就成了空间的延伸，品牌的延伸。

2. 不可见的信息：资本流动与产业链的建立

1）资本的全球流动

资本本身就是一种信息，更是一种社会关系。资本按照自己的利益，通过整合各种力量，对城市空间进行有目的的组织和规划。城市中各种景观、各种社会关系的形成，都承载了资本信息的流动。城市咖啡馆的空间生产方式，是资本作用的必然结果，也是市场和资本运作的表征。

咖啡馆的建立和运营，一定需要依靠资本的投入和运作。从初始的投资到经营管理的过程，都需要资本的支持和流动。1992年6月，星巴克募资2800万美元，成功在纳斯达克上市，手握巨额融资的星巴克在美国本土开始全国性地扩张开店。8年内，星巴克总店数增长速度最高达1003家/年，年均增长店数417家/年。星巴克营收从0.93亿美元增长到22亿美元，公司市值也由1.44亿美元上升至83.27亿美元。没有资本的流动，就不会有数量繁多、装修精致、质量上乘的星巴克咖啡。

因此，当人们行走在城市中，看到随处可见的装修精致的咖啡馆，享受咖啡馆提供的便利时，也应当看到其承载着的资本流动的信息。

2）产业链与行业标准的建立

对于城市咖啡馆来说，相关的基础设施（产业链）和行业标准本身也是一种具有流动性的信息，也在不易察觉的情况下促进、引导和调节信息流动的发生。

星巴克拥有全球范围内现磨咖啡品牌最庞大供应链体系，星巴克的供应链上游覆盖全球范围内的咖啡种植地。数十年来星巴克成功地在全球范围内运营了9个咖啡豆种植支持中心，以先发优势与上游咖农合作，同供应商形成了稳定互惠良好关系，保证了高品质咖啡的价格稳定性。2012年，星巴克在中国云南省建立了自己的咖啡产区，引入了自己的种植和加工标准，比如咖啡品种选择、种植管理、采摘和处理方法等，以确保从云南产区获得高质量的咖啡豆。通过在云南建立咖啡产区，星巴克加强了对咖啡供应链的控制，并在中国市场推广本地种植的高品质咖啡。这也为云南的咖啡产业带来了新的机遇和发展，提升了云南作为咖啡产区的知名度和声誉。

2004年，星巴克还与国际环保组织一同商订了"C. A. F. E. 条例"（咖啡和种植者公平规范）。该条例从产品质量、经济责任、社会责任和环境保护上对咖啡供应商进行评估，对通过评估的供应商进行分级，星巴克还鼓励同行业的其他企业加入此条例。

产业链以及相关机构、条例的建立，本质上是一种权力话语信息。星巴克作为全球最大的连锁咖啡企业，凭借其品牌影响力和市场地位，在产业链的建立和相关机构、条例的制定时拥有较大的话语权，拥有主导行业规则和标准制定的权力。

三、文化生产:星巴克咖啡的意义与延伸

爱德华·苏贾(Edward Soja)认为,空间在其本身也许是原始赐予的,但空间的组织和意义却是社会变化、社会转型和社会经验的产物[9]。随着城市化进程的不断加快,中国城市的空间结构也发生了变化,传统的街道小店、路边摊等正在逐渐消失,取而代之的是作为新兴城市空间形态和文化生产场所的城市咖啡馆。星巴克咖啡不仅仅是一个消费场所,更是一个文化生产场域,通过三个层面的文化生产进行空间意义的延伸。首先,星巴克通过"转译"重新诠释西方文化,以适应中国的文化语境;其次与消费主义相联结,成为一种阶级符号和身份象征;最后,它还会与其他媒介一同形成"媒介组合",超越单一媒介的局限,融合多种技术,联结实体空间与虚拟空间。

1. 对西方文化的转译

李耘耕认为,空间联结了物质空间中参与实践的各种物和人,并将他们的意向反映在空间实践中,这一联结过程可以用"转译"机制来解释[10]。"转译"是法国社会学家拉图尔(Bruno Latour)"行动者-网络理论"中提出的一个概念,这一理论认为中介能够转译和转化信息、意义和价值观,在不同行动者之间传递和转化语境、文化、实践等要素,并将其重新诠释为适应特定背景和目的的形式。城市咖啡馆作为一种中介物,通过对各种异质文化的转译进行意义生产。用拉图尔自己的话说:"不存在社会,不存在社会领域或社会联系,但是存在能够产生可追索联系的中介者之间的转译。"

在中国,咖啡文化的出现可以追溯到清朝末期,外国传教士将其引入中国,在那时咖啡就已经成为一种时尚饮品。然而,由于咖啡的价格较高,咖啡饮品在中国并没有像茶一样普及开来。直到20世纪80年代,随着中国改革开放和经济发展,越来越多的外国人来到中国发展,引入了更多的西方餐饮文化,咖啡文化才进一步得到发展。因此,咖啡具有外来性质,咖啡文化背后象征的是一种西方文化。

随着咖啡文化的逐渐普及,咖啡馆也在中国城市中涌现。在中国,咖啡馆文化也逐渐形成了自己的特色,比如与文艺、音乐、设计等文化紧密结合,形成了一种新的文化消费方式。同时,各地的咖啡馆也不断地融合了中西文化元素进行创新设计,将中西文化进行巧妙结合。

作为全球连锁品牌咖啡馆,星巴克店面设计既追求标准化,也非常注重与门店当地文化的融合,通过对西方特色的转译融入当地文化。譬如星巴克北京南锣鼓巷店,位于北京市东城区南锣鼓巷,周围是充满老北京胡同文化气息的小街道,这家店的设计也充分融入了当地的传统元素,如仿古门窗、琉璃瓦等;星巴克重庆洪崖洞店位于重庆市渝中区洪崖洞景区内,周围是崎岖的山路和古老的建筑群落,店铺的设计也与周边环境相呼应,采用了木质结构和古朴的石墙,让人感受到浓郁的巴渝文化氛围;星巴克还会在每个城市推出城市专属的特色周边产品,如杯子、钥匙扣等。

因此,城市咖啡馆不仅仅是一个展现外来文化的窗口,还是一个能够联结不同实践主

体，转译异质文化的中介物，并通过"转译"的过程进行意义生产。

2. 逐渐弱化的消费主义内涵

卡斯特（Manuel Castells）认为，如果说城市是社会各个阶级之间利益冲突动态过程的体现，那么可以认为城市空间就是服务于社会各个阶级，满足他们之间操控和反操控的一个空间物质机制。在城市中，消费成为一种重要的阶级和文化表现方式，因此消费主义也成为城市空间生产依托的理念与机制。布尔迪厄提出了阶级符号理论，认为消费品可以作为阶级符号，体现出社会阶层的不同身份认同和文化偏好。人们通过消费品的选择和使用来展示自己的社会地位和阶层身份，从而与其他人区分开来。在中国，咖啡消费也具有消费主义的内涵，咖啡空间作为特定的空间形态，起到整合包括阶层、职业身份等差异的作用。

城市咖啡馆的消费主义内涵可以从以下几个方面体现。首先，在消费主义社会中，人们通常通过购买昂贵的商品来展示自己的社会地位和经济实力，咖啡也成为这种商品之一。在一些高端咖啡店，价格昂贵的咖啡饮品成为消费者身份认同和社会地位的体现。其次，消费主义强调体验式消费，即通过消费来获得愉悦和快感。在咖啡馆中，消费者可以获得高品质的咖啡、优质的服务和精致的环境，这些元素共同构成了一种愉悦和享受的体验，吸引了越来越多的消费者。最后，在消费主义社会中，品牌成为消费者选择商品的重要因素之一。一些知名的咖啡品牌如星巴克、COSTA等，通过不断推陈出新、打造高端形象、提供优质服务等方式，成功地构建了自己的品牌效应，通过不同档次的品牌区分消费者。因此，咖啡的消费活动逐渐走向符号化，咖啡馆成为消费主义文化的生产场域。

然而，随着人们生活水平的提高以及一些平价咖啡品牌的涌现，咖啡的平均价格相较于人们的收入水平不断降低，咖啡作为一种提神醒脑的工具被广泛应用，咖啡与消费主义之间的关联正在被弱化，喝咖啡这一行为逐渐走向了普遍化和平民化。

S4：可能十年前大家还会觉得喝星巴克是一件挺高级的事，还值得拍照发个朋友圈。现在大家消费普遍变高，虽然每天喝还是挺贵的，但是也不至于让人感觉到高级，星巴克也不再是白领的专属。

3. 媒介组合：数字时代的新兴文化载体

近年来，随着互联网的发展，城市咖啡馆也逐渐与互联网文化相结合，成为互联网时代中的一个新兴文化载体。城市咖啡馆作为一种空间媒介，与其他大众媒介组合共生相伴，形成了安德里亚斯·赫普（Andreas Hepp）所说的"媒介组合"（media ensemble）。在如今这个高度杂交的媒介环境中，媒介使用者不再受到单一媒介的局限，而是要在多媒介（polymedia）的环境中不断做出选择[11]。"所有的媒体不再是孤立、离散和僵化的，而是处在彼此复杂的关联之中，并在此关联中发展和彰显各自的独特性[12]。"虚拟媒介与实体空间不断融合，使得空间的传播具有了新意义。具体来说，这种媒介组合可以分为三个层次：

核心层——城市咖啡馆的物质空间本身。城市咖啡馆的物质空间是这种媒介组合的核心，是能够和其他媒介组合区别开来的依据。在媒介组合里，咖啡馆自身的媒介功能依旧存在，并可以根据其他的媒介部分进行变化。

中间层——个人手机及其他数媒设备。拍照是咖啡馆中常见的一种行为，顾客会使用个人手机或者其他摄影摄像设备进行拍照记录，还会使用特定的构图、滤镜等进行修饰，目的是留作纪念或者发布到社交平台展示自己的生活。总之，这些数字设备生产了大量有关城市咖啡馆的影像资料。此外，除了拍摄功能，顾客还会使用手机进行信息沟通和交换，比如邀约朋友、在大众点评等平台为咖啡馆打分等。

外围层——社交平台与社交软件。与城市咖啡馆最相关的社交平台就是抖音及小红书，越来越多的咖啡馆会在这些平台上运营自己的社交媒体账号，并发布各种活动、打卡签到的信息，吸引顾客来到线下咖啡馆拍照打卡，再分享到线上平台，以求提升品牌知名度和美誉度。例如，星巴克就于 2023 年 5 月 23 日在其小红书账号发布笔记《突击检查！交出你相册里的星巴克》，引导顾客拍摄并发布有关星巴克的照片。许多咖啡馆还会使用线上订购服务，开发自有 App 或者微信小程序，以便顾客可以通过 App、小程序等方式提前订购咖啡等产品，到店取货。这些 App 或小程序除了点单的功能，还会有其他的功能。以"星巴克中国"App 为例，它能够为消费者提供除点单支付外的品牌宣传、储值卡管理、优惠券和礼品卡管理、星礼计划（会员积分与奖励）、门店查找、周边产品购买、社交互动等功能。

这种"媒介组合"超越单一媒介的局限，融合多种技术，联结实体空间与虚拟空间，使得城市咖啡馆的传播打破固有的地理属性远远超过其自身。最重要的是，与社交网络的组合使得我们得以窥见新媒体在其中起到的决定性作用，更从话语和物质上决定了城市咖啡馆的文化意义和身份建构。

四、结语

近年来，空间作为一种媒介研究方法，逐渐受到了学界的重视。如潘霁所说，对空间视野重新引入媒介研究方法意味深长，空间视角突破了大众媒介研究范式对传播空间性可能的遮蔽[13]。

因此，从实践的维度出发，城市咖啡馆及其他城市公共空间在发展中应当重视空间问题，不应只将空间视作各种符号的容器，而应该从媒介的角度，剖析空间的生产与意义的延伸。城市的各种公共空间都应该致力于塑造多样化的空间体验，注重社交互动和共享，融入本地文化与环境，引入科技创新与数字化，并且达成各个空间之间的合作与资源共享，建设更具吸引力的城市公共空间。

随着传播学固化的范式结构对学科想象力的制约日益明显，在未来的研究中，学界仍然需要继续探究空间与其他传播要素的相互关系，挣脱大众媒介"平面"范式对媒介新问题的遮蔽，关注不同类型和层面的空间，拓展研究的深度和广度。只有不断深化对空间作为媒介的理解，才能理解新技术、新场景中内含的社会文化意义，更好地应对当代传播环境的挑战。

参考文献

[1] 列斐伏尔. 空间的生产[M]. 刘怀玉,等译. 北京:商务印书馆,2021:131.

[2] 王珏. 2022 中国咖啡消费洞察报告:上海 7857 家咖啡馆,数量全球第一[EB/OL]. (2022 - 07 - 29)[2023 - 01 - 23]. https://weibo. com/ttarticle/p/show? id＝2309404796629713813834 #_loginLayer_1702447766912.

[3] Kittler F A, Griffin M. The city is a medium [J]. New literary history, 1996,27(4):717 - 729.

[4] 德布雷. 媒介学引论[M]. 刘文玲,译. 北京:中国传媒大学出版社,2014.

[5] 戴宇辰."物"也是城市中的行动者吗?——理解城市传播分析的物质性维度[J]. 新闻与传播研究,2020,27(3):54 - 67＋127.

[6] 李彬,关琮严. 空间媒介化与媒介空间化——论媒介进化及其研究的空间转向[J]. 国际新闻界,2012,34(5):38 - 42.

[7] 赵俊玲,周旭. 信息行为研究中信息场理论发展评析[J]. 情报科学,2015,33(4):35 - 39.

[8] 孙萍. 媒介作为一种研究方法:传播、物质性与数字劳动[J]. 国际新闻界,2020,42(11):39 - 53.

[9] 苏贾. 后现代地理学:重审批判社会理论中的空间[M]. 王文斌,译. 北京:商务印书馆,2004.

[10] 李耘耕. 从列斐伏尔到位置媒介的兴起:一种空间媒介观的理论谱系[J]. 国际新闻界,2019,41(11):6 - 23.

[11] 袁艳."慢"从何来?——数字时代的手账及其再中介化[J]. 国际新闻界,2021,43(3):19 - 39.

[12] Hepp A. Deep mediatization: key ideas in media & cultural studies [M]. London: Routledge, 2020.

[13] 潘霁. 作为媒介研究方法的空间[J]. 南京社会科学,2022(5):91 - 98.

互助型线上团购行为对于弱联系人群社会交往的影响

周睿琳① 辛 馨②

【摘　要】 本文以弱联系理论为基础,围绕"与邻里的社会交往频率""与邻里的情感卷入程度""与邻里的情感亲密度""与邻里的社会交往范围"这四个维度,研究互助型线上团购行为对于弱联系人群社会交往的影响。研究结果表明:互助型线上团购行为能够扩大邻里间个人的社会交往范围,建立邻里间的联系,对于增强邻里间的弱联系具有积极作用;团购的参与频率、参与程度对于邻里间个人的社会交往频率、情感卷入程度、情感亲密度都会产生正向影响。

【关键词】 弱联系;社区团购;邻里关系;人际交往

2022年春天上海的静态化管理之下,出现了很多不可多得的现象:居民们以小区为单位,主动发起非营利性质的互助型线上团购。与以往的团购相比,这次团购涉及了很多邻里之间的交往,让邻里间"空前地"凝聚在了一起,建立起了更多的联系,也让原本的弱联系增强。这在以"小家化""个体化"为特征的上海来说,并不多见。

随着中国经济体制改革和社会转型,城市社区居民之间的认同感、安全感、凝聚力在逐步下降。社区消失论认为:现代化致使城市居民间彼此疏离和冷漠,人群间紧密联系的削弱是社区消失的直接表现。然而,在静态化管理期间,邻里关系却因为社区参与行为的出现而迅速增强。因此,倘若能够从互助型团购行为中,挖掘出促进社区内弱联系增强的因素,或许能够对诸如"如何促进弱联系向强联系渗透"这样的议题有所启发。

一、理论基础和文献综述

1. 核心概念界定

本文结合社区团购现象,研究互助型线上团购行为对弱联系人群社会交往的影响。涉及的概念包括弱联系、社区和社区团购。

---

① ② 上海交通大学媒体与传播学院传播学专业 2020 级本科生。

1）弱联系

弱联系这一概念最早由美国社会学家马克·格兰诺维特（Mark Granovetter）提出[1]。格兰诺维特提出了测量人际交往关系强度的四个指标：互动频率、情感卷入度、情感亲密度和互惠行为。强关系网络中，人们的交往频率更多，有更多的相似性，关系更加紧密，对彼此会更加依赖；相反，弱关系网络中，人们的异质性较强，交往频率低且关系比较疏远。格兰诺维特指出：罗杰斯的"创新扩散理论"忽视了弱联系的重要性。弱联系可以跨越更广的社会距离，让两个异质性较高、物理距离较远的陌生人建立联系，从而将观点与信息通过弱连接这个桥梁传播扩散。对于个人而言，弱联系可以在找工作等事宜上起到重要作用；对于社会而言，弱联系可以增强社会凝聚力。

结合强弱联系的概念与测量指标，强联系主要出现在关系密切、联络较强的人群之间，比如家人、朋友、亲戚等；弱联系表现为不熟悉、联络较少的人，比如：网友、邻居等。格兰诺维特认为强联系虽然更坚固，但是弱联系在传播速度和成本上都具有优势。此外，在互联网时代，弱联系的价值得到了前所未有的发扬。弱联系广泛存在于网友之间，种类复杂、数量极多。例如：领英、猎聘网等人力资源网站就是借用互联网平台，建立了一个猎头和求职者之间的弱连接关系网，打通了求职者和猎头之间的信息壁垒；微博博主、B站up主和粉丝之间也是一种典型的弱连接关系，这样的关系网不仅让广告主找到了推广产品的广阔市场，也让普罗大众通过社交媒体看到了更广阔的世界。

塞西莉亚·亨宁（Cecilia Henning）等人就曾以弱联系、强联系理论的视角，探讨了社会网络中的邻里关系。由于现代邻里关系普遍具有疏离淡漠、异质性较高的特征，邻里关系可以被视为一种典型的弱联系。因此，本文将研究对象——邻里关系划分为弱联系人群的领域。

结合弱联系和强联系理论中测量人际交往关系强度的四个指标，本文设置因变量为"与邻里的社会交往频率""与邻里的情感卷入程度""与邻里的情感亲密度""与邻里的社会交往范围"。

2）社区

德国社会学家斐迪南·滕尼斯（Ferdinand Tönnies）是最早提出"社区"概念的社会学家，他将"社区"视为"社群的"共同体：社区基于亲朋好友和邻里关系建立而成，拥有高度认同感、安全感以及凝聚力[2]。接着，美国学者查尔斯·罗密斯（Charles P. Loomis）将"社区"翻译为"community"，对其赋予了地缘含义。随着社会的发展，"社区"开始有了新的含义，并逐渐演化出了两种研究视角，一种是围绕地缘共同体展开的研究，比如城市小区、乡村村庄等；另一种是围绕跨地缘共同体展开的研究，比如网络社区等[3]。本文采用的是前一种，即基于地缘共同体建立的社区概念。

20世纪30年代，"社区"引入中国社会。费孝通等学者将其概念本土化，赋予其地域性因素。在中国传统的农业社会，由于小农经济自给自足的特点，人口的流动性极低，人们往往聚族而居。血缘和地缘的双重关系让社区成员之间存在着天然的高度认同感、安全感和凝聚力。伴随着市场经济的发展，城市化和住房商品化让社区异质性大大增强，社区不再是由"熟人"建立起的亲缘共同体,而是由在各方面(种族、职业、教育、地位、财富)都存在差异的"陌生人"组成的地缘共同体。这样的变化导致了"社区消失论"的出现和盛行。"社会消失论"的研究者认为:由于工业化和城市化,传统社区成员之间的亲密度和凝聚力不同往昔,社区将逐渐消亡。

3) 社区团购

黄希在研究中指出,社区团购是一种基于小区,以小区或社区团长作为分发中心,通过微信群、QQ群、微信小程序等互联网平台进行组团预售,开团成功后由配货商统一发货到社区自提点的一种网络团购方式。社区团购属于网络团购的一种类型,以社区地缘性为主要特征,团长与参团人员之间天然存在着邻里关系。通常来说,社区团建的基本流程是:团长建群并确认自提点—发布产品信息—成团后筹集费用—团长统一订购—参团人员前往自提点取得商品[4]。

社区团购中的团长承担着连接平台与消费者的中介角色。与传统非自发性的团购不同,社区团购属于自发性团购,售前沟通、管理团购群、筹集基金、售后保障等工作都需要团长一人亲力亲为,所以团长自身带有极强的 IP 属性,个人性格和口碑等因素会直接影响获客率。

社区团购有其独特优势。第一,由于社区团购利用互联网平台作为货品展示空间,并以团长作为中介方,所以能够覆盖更多社区。第二,很多团长本身就是带有宣传属性的强个人 IP,且大多具有从业经验,社区团购能够将线上供应链体系嫁接到社区传统商业中去,扩充传统零售渠道的进货品类,从而促进社区商业的发展。

近年来,社区团购发展迅猛,用户规模持续增长。2021 年,中国社区团购用户规模 6.46 亿人,2022 年,中国社区团购用户规模增至 8.76 亿人。

4) 互助型线上社区团购

不同于以往的团购行为,上海居民自发组织的团购行为具有不可复制的特殊性。

首先,从性质来说,以往的团购大多是以平台为基础,这样的团购往往有中介组织(如:拼多多)进行组织工作,人们会基于信任(有平台担保、有好评晒图)而选择团购。

其次,从动机来说,即使是无平台的自发性的团购,以往的"团长"都是以盈利为动机,组织想要节省开销的"跟团者们"进行团购,本质上来说是一种商业行为。然而,上海居民自发组织的团购却是基于满足温饱的动机,展开的互助合作行为,参团人员往往要付出更多的金钱,买到的也并不一定是绝对优质的产品。

最后,从社会交往来说,互助型线上团购是基于小区邻里关系建立起来的。邻里关系本就基于地域原因先天存在,只是由于现代化与社会发展而导致邻里之间较少存在联系,或者联系很弱,小区团购让邻里间"空前地"凝聚在了一起,建立起了更多的联系。不仅团长需要自发组织各类工作,例如,对接商家、建立团购群、协调群内需求、招募志愿者等等,参团人员也会报名成为志愿者,参与物资分配的工作。更加频繁的交流,更加暖心的互助,会让原本受限于"点头之交"的邻里关系在短时间内得到增强,具体表现为:邻里间纯粹基于团购任务目的的线上交流会发展为线上的私人交往,乃至转为线下面对面的深入交流。

邻里间的交往频率、交心程度也会变高,彼此之间会发展出"亦邻亦友"的关系。亲密、互惠的邻里关系在社区高度异质化的城市社区极为罕见,对于以"个体化""小家化"为特点的上海来说,更是如此。

由于以上种种"不可多得"的特征,本文认为:互助型线上社区团购具有非常高的研究价值。本文将研究对象聚焦在了邻里关系上,并提出研究假设,旨在探究特殊情境下邻里关系"空前增强"的原因,并以小见大地剖析促使弱联系增强的因素。

假设 1:参与团购能够建立邻里间的联系。

假设 1a:团购的参与频率与邻里间个人社会交往范围的扩大程度呈现正相关。

假设 1b:团购的参与程度与邻里间个人社会交往范围的扩大程度呈现正相关。

假设 1c:团购的参与程度相比团购的参与频率对于邻里间个人社会交往范围的影响作用更大。

假设 2:参与团购能够增强邻里间的弱联系。

假设 2a:团购的参与频率正向影响邻里间个人的社会交往频率。

假设 2b:团购的参与程度正向影响邻里间个人的社会交往频率。

假设 2c:团购的参与频率正向影响邻里间个人的情感卷入程度。

假设 2d:团购的参与程度正向影响邻里间个人的情感卷入程度。

假设 2e:团购的参与频率正向影响邻里间个人的情感亲密度。

假设 2f:团购的参与程度正向影响邻里间个人的情感亲密度。

2. 文献综述

1)有关社区中邻里关系的研究

邻里关系是社区中最基本,也是最普遍的关系,是评判社区凝聚力的主要标志。亲密和谐的邻里关系往往意味着社区成员间的信任、互助和团结。学界对邻里的定义大多为:基于地缘关系而建立起来的共同体。文献显示,目前相关的研究多以城市社区邻里关系现状为主,其基本结论趋同,即城市社区内的邻里关系逐渐淡漠化。学者王颖就曾在上海的调查中发现,邻里关系疏远的商品房小区逐渐增加,邻里关系亲密的老式住宅小区则越来越少[5]。严志兰认为,城市社区正逐渐走向衰落,最典型的特征就是邻里关系的淡漠化[6]。赵卫华深入走访了北京大栅栏街道的 6 户人家,发现北京胡同中过往亲密熟悉的邻里关系已经不复存在,现在的邻里交往只停留于表面,缺少深入交流和情感支持[7]。董焕敏等人认为新时代的城市邻里关系正向"封闭淡漠"发展,并提出有必要建设虚拟社区[8]。

针对城市社区内邻里关系淡漠化的现象,学界普遍有两种原因分析:一是交往空间因素;二是社会因素。

(1)交往空间对邻里关系的影响。

交往空间主要分为物理场所空间和虚拟网络空间。不少学者指出合理的交往空间有利于城市社区内邻里交往。

从物理场所空间上来说,张玲玲等人认为社区的公共空间在很大程度上决定了居民的活动范围和行为模式[9],大小合适、设备齐全、布局合理的公共场所会吸引人们的停留,触发邻里间交往，是提升社区邻里交流的重要渠道[10-11]。规划不合理、基础管理差的社区会弱化居民的社区意识和归属感[12]。从虚拟网络空间上来说，虽然互联网的普及让很多人弱化了面对面交往的需求，但也有学者认为社区虚拟空间可以弥补邻里间面对面交往的缺失，充当邻里交往的新途径，物理场所空间应该与虚拟空间相结合，共同促进交往。

（2）社会因素对邻里关系的影响。

从微观角度来看，学者将影响邻里关系的因素归因于居民自身差异。从年龄上来说，老年人相较于中年人，邻里交往的意愿更高[13]，青年人由于工作性质以及对线上沟通的依赖，邻里交往的意愿更低[14]；从地域身份上来说，本地人比外地人的邻里关系更强[15]；从收入上来说，收入越高的居民，邻里关系越强[16]。此外，家庭人员、居住年限、生活方式和兴趣爱好也会影响邻里交往[17]。

从中观角度上来看，社区异质性对邻里关系的影响很大。学者蔡禾等人发现，社区异质性对邻里关系具有负面影响。在社区异质性相对较低的城市，居民的职业差异是影响居民邻里关系的主要因素；在社区异质性相对较高的城市，居民的阶层差异是影响居民邻里关系的主要因素[18]。此外，阿尔贝托·阿莱西纳（Alberto Alesina）等人发现：同质性越高的社区，社会交往水平越高，收入差异性和种族多样性会影响居民参与[19]。

从宏观上来说，社会结构和社会变迁也会影响邻里关系。凯瑟琳·J. C. 怀特（Katherine J. C. White）和艾弗里·M. 格斯特（Avery M. Guest）指出城市化进程导致了社会联系的分化[20]。黎熙元等人也认为，人口流动和城市化进程会让居民的社会支持网迁移到社区外部，从而导致居民的社区认同感和参与感都降低[21]。

此外，区别于国外学者，国内学者也会从社区类型的角度，开展居民邻里关系的研究。仇晶对比了单位房、安置房和商品房的邻里关系，发现整体上社区内的邻里交往在变弱，且邻里交往多停留于表面。其中商品房的邻里关系淡漠化现象尤为显著[22]。究其原因，是因为城市商品房多为封闭式社区，邻里互动交往比开放式社区更难实现[23]。此外，商品房社区建立起的是一种"陌生人社会"，商品房的居民相比传统小区的居民，互动参与度和归属感都较低[24]，传统小区的居民会更喜欢维系熟人关系，联络邻里感情，其原因是传统小区中存在长期的地缘和业缘关系[25]。

纵观国内外研究，我们可以得出总结：由于社会变迁导致的交往空间和各类社会因素的变化，居民之间的异质性大大增加，互动频率、社区认同感、社区参与度大大降低，导致了邻里关系淡漠化的现象。然而在互助型线上团购中，居民的凝聚力大增强。本文猜测：社区团购让邻里间的互动频率大大增加，并带动了邻里间的社区参与度，从而促进了邻里关系。因此，本文设置自变量为：团购的参与频率、团购的最高参与程度，旨在探究团购对于邻里关系的具体影响。

2）弱联系、强联系理论在网络社交中的应用

网络社交中的人际关系是很典型的弱连接关系。曼纽尔·卡斯特（Manuel Castells）就曾在《网络社会的崛起》一书中指出："互联网是一片发展多重弱联系的沃土。互联网低成本、易接近性的特征促使具备不同社会特征的人群相互连接，扩大了他们的社会交往范围，

构建了一张巨大的弱连接关系网[26]。"互联网上的弱连接关系网让寻常百姓的视野变得更加开阔,也让资源流通的渠道变得更多元、更便捷。李晓静就曾在研究中指出:网络聊天不仅能让大学生与熟人之间的强联系加强,也维系并延伸了与网友之间的弱联系[27]。这一现象也正在冲击并重构着现有的社会秩序和社会关系,弱联系在人们的日常生活中占据着越来越重要的作用,而传统的强联系却日趋式微[28]。

微信作为国内的主流社交媒体,拥有以强联系为主、弱联系为辅的特征,因此具有较强的研究价值。国内的不少学者还将视角聚焦在了人们在微信中的印象管理以及点赞行为上。在印象管理方面,吴风、谭馨语以拟剧理论为基础,指出大学生朋友圈多为以强联系为基础的弱联系主导网络,其前台的表演对象多为较为熟悉和基本不熟悉的好友,这与人们希望向强联系人群进行自我呈现和表演的意愿相冲突。因此,个体会通过分组显示等后台行为,动态控制自己朋友圈所面向的观众,以限制自我呈现在以弱联系为主的朋友圈中的程度[29]。刘砚议也通过研究发现:在以强联系为主的朋友圈中,人们的印象管理行为较弱,且有"后台行为前台化"现象;但在以弱联系为主的朋友圈中,会更多地出现"后台行为前台化"现象,以达到理想化的印象管理[30]。张婷、吉峰表示:在强连接关系网中,人们更加倾向于呈现理想自我,但在弱连接关系网中,人们则更倾向于呈现现实自我[31]。在点赞行为方面,刘磊等人认为:"点赞"行为多存在于强连接关系网中,"点赞之交"是一种需要心理和时间成本,以及强联系所支撑的新型网络人际强关系。曾静平、赵伽艺则指出:微信朋友圈中的"共同朋友",通过相互间的点赞、评论等的"交往"状态显示,形成了特殊的第三人社交关系[32]。

3)弱联系、强联系理论在邻里关系中的应用

亨宁等人就曾以弱联系、强联系理论的视角,探讨了社会网络中的邻里关系。他们指出:在强连接关系网中,邻里关系相较于其他强联系(如:家人、亲戚、同事、好友),在人们心中的地位很低。倘若我们从弱连接关系网中看待邻里关系,那邻里关系便会显得格外重要。由于接近性(proximity)和连续性(continuity),邻里关系被证明是非常合适的弱联系研究领域[33]。然而纵观国内外相关研究,以邻里关系为研究对象的弱联系研究十分少见。多数研究聚焦于影响邻里之间弱联系交往的因素上。

从"弱联系的强度"角度来看,通过举办艺术展等活动,在不同社会特质的人群之间建立弱联系,可以促进社区融合[34]。在苏珊·格林鲍姆(Susan Greenbaum)的研究中,他从空间布局和社会人口稳定性的角度,分析观察了一个邻里关系亲近的社区。他发现:在社区中,弱联系比强联系更多。社区空间的设计布局可以影响邻里之间的弱联系。在那个社区中,房子之间的间隔较小,并有较多公共设施(如:花园、酒吧、餐厅等)。因此,那个社区的邻里之间会产生更多的眼神交流,从而促进了邻里关系的建立和发展。此外,那个社区中的人口流动性较低,社区关系较稳定,15%的居民居住了20多年之久,所以多数人在社区中都会结交至少一个亲友。约翰·希普(John R. Hipp)和安德鲁·J. 佩林(Andrew J. Perrin)比较了物理空间距离(physical distance)和社会距离(social distance)对邻里关系影响:在物理上相隔较远会阻碍强联系和弱联系的形成,在社会距离(年龄、财富、婚姻状态)

上相隔较远,会阻碍弱联系的建立。然而,邻里关系每多维持一个月,邻里间的强联系和弱联系都会增强[35]。

3. 总结

从邻里关系的相关文献可知,目前相关的研究多以城市社区邻里关系现状为主,其基本结论趋同,即由于交往空间以及各类社会因素,城市社区内的邻里关系正逐渐变得淡漠化。学界也大多以这两个因素为切入点,提出针对邻里关系的改善建议。鲜少有研究从邻里间弱联系的角度出发,探讨能够促进邻里关系的因素与具体解决措施。

从弱联系、强联系理论的相关文献综述可知,大多研究以网络社交为研究对象,探讨线上交往中的弱联系特征与交往方式。为数不多的邻里间弱联系的研究也大同小异地从社区空间布局、居民社会特征等被动因素,分析了当代邻里关系疏远的原因,并未从诸如从居民的角度探讨主动因素(如:社区参与等)对于邻里关系的影响。

少数研究曾提出可以通过增强居民的社区参与度,构建社区新媒体,建立"虚拟在场"以弥补线下交往的缺失,但大多浅尝辄止。不同于交往空间等被动因素,本文研究对象——互助型线上团购,都直接影响到了居民的社区参与度以及线上互动频率,从而促进了邻里关系的改善。因此具有较高研究价值。

二、研究方法

1. 数据来源

本文采取问卷调查法,调查对象为现居地为上海且自 2022 年 3 月 28 日至今参加过小区团购的网民(问卷在第一题和第二题分别设置了筛选问题"请问您的现居地是否为上海?""请问您自 2022 年 3 月 28 日至今是否参加过小区团购?")。调研借助问卷星平台,面向研究人员的朋友圈、邻居群、小区团购群、小区业主群发放问卷。最终,共有 349 名被调查者反馈了本调查,经筛选后确定了 318 份有效问卷,有效回收率为 91.11%。之后采用 SPSS 26.0 版软件对调查结果进行了统计分析,得到以下研究结果。

2. 变量测量

本文的控制变量为"性别"与"年龄"。

本文的自变量为"团购的参与频率"和"团购的参与程度"。

针对"团购的参与频率",我们设置的问题为:**"请问您参与团购的频率为_____?(1=低于两周一次;2=两周一次;3=一周一次;4=一周两次;5=一周三次以上)"**。针对"团购的参与程度",我们设置的问题为:**"请问您在团购中的最高参与程度为_____?〔根据1=并未亲自参与团购(如仅为团购者的家属等);2=参与团购且仅有购买行为;3=参与团购且参与组织过程(如分发货品,提供跑腿小哥联系方式等);4=团长依次赋值〕"**。

为了探究团购对弱联系建立情况的影响,本文单独设置因变量:"与邻里的社会交往范围",即问:**"请问您在参与团购后,与多少位邻居增加了交往?(1=0～1人;2=2～5人;3=6～9人;4=10～15人;5=16人及以上)。"**

为了探究团购对弱联系增强的影响,本文参考弱联系、强联系理论中的四个维度指标,设置因变量为:"与邻里的社会交往频率""与邻里的情感卷入程度""与邻里的情感亲密度"。受访者需要从 1 到 5 的李克特五级量表上,选择他们对各个条目的认同程度(Cronbach's $\alpha = 0.75$)。

关于社会交往频率,我们设置的问题为:"请问您在参与团购后,与邻里的交往次数(涵盖线上与线下)有何变化?(根据 1=交往次数减少很多……5=交往次数增加很多依次赋值)。"

关于情感卷入程度,我们设置的问题为:"请问您在参与团购后,与邻里的交往情况大体上最符合以下哪种描述?[1=只在线上群内(无私聊),无线下交往;2=有线上私聊,无线下交往;3=有线下交往,且仅包括点头之交与目的性交谈(如沟通疫情信息与分发物资);4=有线下交往,且有非目的性沟通(如家常聊天);5=有线下交往,且有较强联系(如帮忙带东西上楼,让小孩一起玩耍等)]。"

关于情感亲密度,我们设置的问题为:"请问您在参与团购后,与邻里的交往情况有何变化?(根据 1=疏远了很多……5=亲密了很多依次赋值)。"

三、研究发现

1. 调查总体情况描述

在本次调查的 318 名参与者中,男性占比 30.5%($N = 97$),女性占比 69.5%($N = 221$)。受访者大多集中在 18~25 岁、31~40 岁、41~50 岁这三个年龄段,分别占比 24.84%($N = 79$)、27.04%($N = 86$)、23.58%($N = 75$)。

受访者团购的参与频率方面,32.08% 的受访者团购的频率在一周三次及以上($N = 102$),25.46% 的受访者团购的频率在一周两次($N = 81$),17.61% 的受访者团购的频率为一周一次($N = 56$),10.38% 的受访者团购的频率为两周一次($N = 33$),14.47% 的受访者团购的频率低于两周一次($N = 46$)。

参与程度方面,绝大部分受访者是跟团者,其中并未亲自参与团购的人(如仅为团购者的家属等)占比 10.38%($N = 33$),参与团购且仅有购买行为的人占比 66.35%($N = 211$),参与团购且参与组织过程(如分发货品,提供跑腿小哥联系方式等)占比 13.84%($N = 44$),团长占比 9.43%($N = 30$)。

就社会交往范围而言,受访者在参与团购后平均与 2~5 人建立了新的联系($M = 2.336$,$SD = 1.139$)。有 21.07% 的受访者表示:在参与团购之后,与 0~1 位邻居增加了交往($N = 67$),48.11% 的受访者认为与 2~5 位邻居增加了交往($N = 153$),15.41% 的受访者认为与 6~9 位邻居增加了交往($N = 49$),6.92% 的受访者认为与 10~15 位邻居增加了交往($N = 22$),8.49% 的受访者认为与 16 位及以上的邻居增加了交往($N = 27$)。

绝大多数受访者表示在参与团购后,与邻里的交往次数(涵盖线上与线下)增加,平均交往程度略微增加($M = 4.101$,$SD = 0.861$)。50.00% 的受访者认为交往次数略微增加

($N=159$),33.33%的受访者认为交往次数增加很多($N=106$),12.58%的受访者认为交往次数无变化($N=40$),仅有约为4.09%的受访者认为交往次数略微减少($N=13$)。

就与邻里的情感卷入程度而言,平均介于"有线上私聊,无线下交往"和"有线下交往,且仅包括点头之交与目的性交谈"之间($M=2.629$,$SD=1.329$)。28.31%的受访者与邻里的交往仅限于线上群内交往,无线下交往($N=90$),17.92%的受访者与邻里有线上私聊,无线下交往($N=57$),27.04%的受访者与邻里的交往为有限的线下交往(点头之交与目的性交谈,如:如沟通疫情信息与分发物资)($N=86$),16.04%的受访者与邻里的交往拓展到了线下非目的性沟通,如:家常聊天($N=51$),仅有10.69%的受访者与邻里在线下有较强联系,如:帮忙带东西上楼,让小孩一起玩耍等($N=34$)。

邻里间的亲密程度总体变化为更加亲密。平均值位于无变化至亲密了一些之间($M=3.899$,$SD=0.738$),中位数为亲密了一些。有18.55%的受访者认为:参与团购后,自己与邻里的关系亲密了很多($N=59$),55.66%的受访者认为亲密了一些($N=177$),24.21%的受访者认为关系无变化($N=77$),极少部分受访者认为与邻里关系疏远($N=5$)。

2. 相关性分析

1) 团购的参与频率、团购的参与程度与社会交往范围之间的关系分析

在本文研究中,因变量与自变量均为哑变量或连续性变量,因此适用于线性回归分析(Line Regression)方法。我们以"团购的参与频率"和"团购的参与程度"为自变量,以"与邻里的社会交往范围"为因变量,进行了三次两阶层的回归分析。表1~表3列出了所有回归系数和统计显著性程度。

回归分析结果显示,控制变量中的年龄对于人们与邻里的社会交往范围有显著影响($\beta=0.218$,$p<0.001$)。总体而言,年龄越大的人群,与邻里的社会交往范围扩大越多。团购的参与频率显著影响了人们与邻里的社会交往范围($\beta=0.346$,$p<0.001$)。参与团购的频率越高,人们与邻里的社会交往范围越大。团购的参与程度显著影响了人们与邻里的社会交往范围($\beta=0.422$,$p<0.001$)。团购的参与程度越高,人们与邻里的社会交往范围越大。

表1 团购的参与频率对邻里之间社会交往范围影响的回归分析结果

控制变量	社会交往范围	
	β in	β
性别(女性=0)	0.154	0.062
年龄	0.178	0.218***
调整后的 R^2	0.044	
参与团购的频率	0.281	0.346***
调整后的 R^2	0.157	

说明:* $p<0.05$;** $p<0.01$;*** $p<0.001$。

表 2 团购的参与程度对邻里之间社会交往范围影响的回归分析结果

控制变量	社会交往范围		
	β in		β
性别(女性=0)	0.154		0.062
年龄	0.178		0.218***
调整后的 R^2		0.044	
团购参与程度	0.636		0.422***
调整后的 R^2		0.217	

说明: * $p < 0.05$; ** $p < 0.01$; *** $p < 0.001$。

此外,团购的参与程度 ($\beta = 0.352$)对于邻里间个人社会交往范围的影响大于团购的参与频率 ($\beta = 0.243$)。

表 3 团购的参与频率和参与程度对邻里之间社会交往范围的回归分析结果

控制变量	社会交往范围		
	β in		β
性别(女性=0)	0.154		0.062
年龄	0.178		0.218
调整后的 R^2		0.044	
团购参与频率	0.197		0.243
团购参与程度	0.531		0.352
调整后的 R^2		0.267	

说明: * $p < 0.05$; ** $p < 0.01$; *** $p < 0.001$。

2) 团购的参与频率、团购的参与程度与社会交往联系程度之间的关系分析

在本文中,因变量与自变量均为哑变量或连续性变量,因此适用于线性回归分析(line regression)方法。我们以"参与的团购频率"和"团购的参与程度"为自变量,以"与邻里的社会交往频率""与邻里的情感卷入程度""与邻里的情感亲密度"为因变量,进行了两次两阶层的回归分析。表 4～表 6 列出了所有回归系数和统计显著性程度。

如表 4 所示,团购的参与频率显著影响了人们与邻里的社会交往频率 ($\beta = 0.362$, $p < 0.001$)。团购的参与频率越高,人们与邻里的社会交往频率越高。团购的参与频率也显著影响了人们与邻里的情感卷入程度 ($\beta = 0.264$, $p < 0.001$)。团购的参与频率越高,人们与邻里的情感卷入程度越高。此外,团购的参与频率同样显著影响了人们与邻里的情感亲密度 ($\beta = 0.343$, $p < 0.001$)。团购的参与频率越高,人们与邻里的情感越亲密。

表4　团购的参与频率对邻里之间社会交往频率、情感卷入程度、情感亲密度影响的回归分析结果

	社会交往频率		情感卷入程度		情感亲密度	
	β in	β	β in	β	β in	β
控制变量						
性别(女性=0)	0.267	0.143*	0.485	0.168**	0.280	0.175**
年龄	0.022	0.035	0.073	0.077	0.066	0.125*
调整后的 R^2	0.015		0.027		0.038	
参与团购的频率	0.222	0.362***	0.250	0.264***	0.180	0.343***
调整后的 R^2	0.139		0.910		0.149	

说明: * $p < 0.05$; ** $p < 0.01$; *** $p < 0.001$。

回归分析显示,控制变量中的性别和情感卷入程度($\beta = 0.168$, $p < 0.01$)以及情感亲密程度($\beta = 0.175$, $p < 0.01$)显著相关。进一步比较平均值,得出女性相较于男性,在团购之后与邻里的情感卷入程度以及情感亲密度更高(见表5)。

表5　不同性别在邻里之间情感卷入程度、情感亲密度的平均值

	平均值	
性别	与邻里的情感卷入程度	与邻里的情感亲密度
男	2.30	3.71
女	2.77	3.98

说明:情感卷入程度、情感亲密度满分各为5分。

如表6所示,团购的参与程度显著影响了人们与邻里的社会交往频率($\beta = 0.308$, $p < 0.001$)。团购的参与程度越高,人们与邻里的社会交往频率越高。团购的参与程度也显著影响了人们与邻里的情感卷入程度($\beta = 0.246$, $p < 0.001$)。团购的参与程度越高,人们与邻里的情感卷入程度越高。此外,团购的参与程度也显著影响了人们与邻里的情感亲密度($\beta = 0.312$, $p < 0.001$)。团购的参与程度越高,人们与邻里的情感越亲密。

表6　团购的参与程度对邻里之间社会交往频率、情感卷入程度、情感亲密度影响的回归分析结果

	社会交往频率		情感卷入程度		情感亲密度	
	β in	β	β in	β	β in	β
控制变量						
性别	0.267	0.143*	0.485	0.168**	0.280	0.175**
年龄	0.022	0.035	0.073	0.077	0.066	0.125*
调整后的 R^2	0.015		0.027		0.038	

	社会交往频率		情感卷入程度		情感亲密度	
	β in	β	β in	β	β in	β
团购的参与程度	0.351	0.308***	0.433	0.246***	0.304	0.312***
调整后的 R^2	0.106		0.084		0.131	

说明：* $p < 0.05$；** $p < 0.01$；*** $p < 0.001$。

四、讨论与反思

综上所述，团购不仅可以有效建立邻里间的联系，扩宽人们与邻里的社会交往范围，还能增强邻里间的弱联系，使之前的线上之交、点头之交转变为线下之交、熟人之交。

1. 研究结果讨论

1）社会交往范围

从邻里间个人的社会交往范围来看，我们的研究假设 1a、1b 和 1c 均被证实，表明团购行为能够扩大邻里间个人的社会交往范围，建立邻里间的联系，团购的参与程度在这一过程中相比团购频率发挥了更重要的影响作用。

社区消失论是古典社会学的主流观点，认为"社区"和人们的初级纽带在现代化进程中已经逐渐走向消亡，或者说被弱化了，被更大的"社会"或次级纽带所替代，个体更加依赖于正式组织[36]。人群间紧密联系的削弱是社区消失的直接表现，现代化致使城市居民间彼此疏离和冷漠[37-38]。

随着中国经济体制改革和社会转型，城市社区居民之间的认同感、安全感、凝聚力确实在下降，原有的社区整合基础（即传统农业社会中的血缘宗亲关系与计划经济体制下对"单位"或国家的资源依附）被打破[39]。

本文研究显示，团购行为能够促进社区邻里之间关系的建立。团购本身是经过组织的购买行为，其中涉及多种方式的人际互动，如与购买相关的商品信息讨论、送货时间沟通、商品情况反馈，以及与组织流程相关的志愿者招募与报名、商品接收情况、感谢组织者付出等，由此基于共同任务的完成促成联系建立。在参与团购之前，共同任务成员之间并不需要预先相识，但是线上团购为建立联系提供了互动场所，其中富含信息线索（如成员包含房号的昵称）和工具（加好友私聊功能、艾特功能），为联系的创立提供优势条件。

此外，研究还显示团购参与程度在扩大交往范围方面发挥更大影响。在团购活动中，不同的参与程度之间有较为明显的差异。团长在团购群中处于中心位置，参与团购的其他人与团长一人发起的沟通最为常见，参与团购组织过程的购买者也有机会通过分发物资等行为面对大量不同的其他购买者，或是由于特殊原因成为沟通的发起者或对象。参与团购且仅有购买行为，或是并未直接购买时，与整个群体的接触是相对有限的，大多为小规模的特殊沟通(如物品分摊与交换)。

研究设计的两个控制变量(性别、年龄)中,年龄对于交往范围的扩大有显著影响。年龄的 K-S 检验峰度绝对值小于 10 并且偏度绝对值小于 3,虽然不是绝对正态,但基本可接受为正态分布。

先前学者的研究表明,老年人与邻里交往的意愿比其他年龄段更为强烈[40],也有实证研究发现年龄与业主身份对居民邻里关系影响显著,年龄越大的居民,邻里交往越多。年龄与自身邻里交往意愿和团购前邻里关系的相关性的导致邻里共同的团购行为在交往范围扩大程度在不同年龄中体现出差异。

对于许多本就习惯使用线上社交媒体的年轻群体而言,更多的线上互动并不被天然视作交往的增加,有社交恐惧情况的年轻人甚至乐于将互动限制在线上,随着年龄的递增,线上互动对于交往的影响得到更多重视,并且更有可能自然发展为线下的交往。

2)社会交往联系程度

从邻里间的弱联系交往来看,我们的研究假设 2a、2b、2c、2d、2e、2f 均被证实。团购的参与频率、参与程度对于邻里间个人的社会交往频率、情感卷入程度、情感亲密度都会产生正向影响。这说明:团购对于增强邻里间的弱联系具有积极作用。

滕尼斯是最早提出"社区"概念的社会学家,他指出:"社区"的核心是共同体,是指那些建立在情感和共同性基础上,彼此拥有认同感、信任感和凝聚力的社会群体[41]。而反映着社区居民之间熟悉、信任、互助、团结的邻里关系更是被看作为社区凝聚力最主要的标志[42-43]。费孝通在《乡土中国》中描述的传统中国农业社会便属于这样的社会群体。小农经济自给自足的特点使得人口间的流动性极低,人们往往聚族而居,邻里之间天然便存在血缘纽带,这使得邻里之间存在强有力的共同情感、认同和凝聚力。

然而伴随着经济发展,中国城市社会发生了巨大的转变,住房的市场机制使得社区异质性大大增强。社区中的街坊邻居不再是以地缘、血缘连接起来的人群,而是不断变化且极为在各方面都不同的"陌生人"。城市居民间的认同感、凝聚力、信任度、安全感不同往昔,这种邻里关系的淡漠化为社区整合问题布下了挑战。对此,蔡禾等学者提出问题:"当原有社区整合基础被打破以后,是否存在提升社区凝聚力、实现社区整合的新基础?"蔡禾等学者设置了信任、关系强度、互惠三个维度测量邻里关系水平,并通过研究发现:居民的社会参与和社区公共空间的供给会显著增强邻里关系水平。这意味着:社区公共领域的发展是提升城市社区凝聚力、实现社区整合的关键因素[39]。

此外,我们需要注意:互助型线上团购是通过新媒体平台得以实现的。虽然阿米娜·吾拉音曾在分析城市邻里关系淡化时,提及通信网络系统的普及使人们摆脱了面对面交往的需求,从而使得邻里关系逐渐淡化[44]。扬·盖尔(Jan Gehl)也从城市规划的角度提出交往空间理论,他指出:现代社会高楼林立的商品房社区中,人与人之间的面对面交往很难实现[45]。然而,从另一种角度分析:社区新媒体的出现则恰好提供了一种虚拟的交往空间,这种基于地缘建立的虚拟交往形态,介于陌生与熟悉、离散与聚合之间,有效弥补了线下交流互动的缺失,促进了邻里之间的交往。

互助型线上团购兼具居民社会参与以及社区公共（虚拟）空间的特性。新媒体平台帮助居民通过线上交往，在社区群、团购群中实现"虚拟在场"，并通过线上线下进一步的交流互动逐步熟悉，由最初的弱联系向强联系发展。

同时，居民通过互助型线上团购，在实现信息资源和物质资源共享的同时，扩大了社交面，让原本不认识的邻居变成了相识的伙伴，让原本关系不熟的邻居变成了更加交心的朋友。互助型线上团购同时期产生的志愿服务、线上 k 歌、以物换物等行为更是让更多居民自发参与到了社区建设中，使邻里间的归属感、信任感、凝聚力达到空前的水平。

2. 研究反思

线上团购本身必然带来的线上交往，但仅在问卷中询问与团购事务无关的交往频率变化或是线下交往频率变化，会受到线下交往受限的客观因素影响。通过侧面分析将交往频率与交往情况描述分类汇总后可以得知，交往次数有所增加的情况中（交往次数略微增加以及交往次数增加很多），交往的范围均已经拓展至线上私聊乃至线下交往，不仅限于由线上团购的带来的交往。虽然如此，在测量交往频率的变化情况时，研究对于排除由团购行为本身带来的必然交往，处理方案也有改改进空间。

就研究对象而言，由调整后的 R^2 数据可知，本文的研究对象——互助型团购对于邻里关系变化的解释力度有限。结合具体情境来看，本文所研究的时间范围内除了互助型团购，还发生了很多可以促进邻里关系的行为，例如：志愿者活动、线上 k 歌，以物换物行为等等，因此，在之后的研究中，应该将研究对象进一步扩大。

就变量设置而言，本文只设置了性别和年龄两个控制变量。由统计数据可知，虽然大多数受访者反馈团购可以使邻里之间的关系变得更加紧密，但仍有部分受访者选择了"无变化"这一选项。这或许是因为个体的性格、对生活的满意程度、孤独感等因素也会造成结果的不同。因此，本文认为控制变量应该将以上因素一并考虑在内。此外，本文因变量的设置基础是弱联系、强联系理论中的四个维度，即交往频率、情感卷入程度、情感亲密度、互惠行为。然而，在设计问卷时，本文只考虑到了前三个维度，列出了"与邻里的社会交往频率""与邻里的情感卷入程度""与邻里的情感亲密度"三个因变量，却忽略了互惠行为这一维度。因此，本文认为因变量应该将互惠行为包含在内。

本文发现了团购行为与邻里社会交往变强之间的相关性现象，但是并未对团购行为进行细致的探究，其影响邻里交往的具体机制有待后续的实证研究进行深入挖掘。

3. 研究展望

如何促进弱联系向强联系渗透、利用弱联系构建和谐的社区人际关系，是值得学界深思和探讨的方向。本文的发现或许对这一议题有一定的启示作用。在社区治理方面，社区管理人员可以巧妙利用新媒体平台，建立邻里间的初步联系，并通过线下社区志愿活动、团建活动等非盈利性共同社区事务的形式，加强居民的社会参与程度，增强邻里间的感情，促使弱联系进一步在交往频率、情感卷入程度、情感亲密度以及互惠行为方面向更深层次的强联系转变。

参考文献

[1] Granovetter M S. The strength of weak ties [J]. American journal of sociology, 1973,78(6): 1360-1380.

[2] 滕尼斯.共同体与社会:纯粹社会学的基本概念[M].林荣远,译.北京:北京大学出版社,2010.

[3] 蔡禾,贺霞旭.城市社区异质性与社区凝聚力——以社区邻里关系为研究对象[J].中山大学学报 (社会科学版),2014,54(2):133-151.

[4] 黄希.基于移动平台的社区团购模式研究与分析[J].现代营销(下旬刊),2019(1):99.

[5] 王颖.上海城市社区实证研究——社区类型、区位结构及变化趋势[J].城市规划汇刊,2002(6): 33-40+79.

[6] 严志兰.现代城市社区失落的原因和解决途径[J].理论月刊,2003(10):60-61.

[7] 赵卫华,周芮.社区失落还是社区解放:传统老旧社区邻里关系变迁研究——以北京大栅栏街道 为例[J].开发研究,2016(4):163-171.

[8] 董焕敏,徐丙洋.新时期城市社区邻里关系的现状及对策分析[J].山西青年管理干部学院学报, 2011(4):66-69.

[9] 张玲玲,杨绍亮.社区公共空间居民活动行为特征及空间布局关联性初探——以苏州园区邻里 中心为例[J].华中建筑,2018,36(8):82-86.

[10] 赵衡宇,孙艳.基于介质分析视角的邻里关系和住区活力[J].华中建筑,2009,27(6):175-176.

[11] 王华.居住社区中的"邻里交往"与"空间环境"分析[J].建筑知识,2004(3):46-48.

[12] 李立杨.利于邻里交往的单位社区更新模式与对策研究[D].哈尔滨:东北林业大学,2015.

[13] 仲继寿,王莹,赵旭,等.住区心理环境健康影响因素实态调查研究[J].建筑学报,2010(3):1-6.

[14] 于海滨.封闭社区与开放社区邻里关系对比研究——以宁波四个社区为例[D].宁波:宁波大 学,2017.

[15] 孙龙,雷弢.北京老城区居民邻里关系调查分析[J].城市问题,2007(2):56-59.

[16] 杨卡.新城住区邻里交往问题研究:以南京市为例[J].重庆大学学报(社会科学版),2010(3): 125-130.

[17] 姬璐璐,覃斌.新时期城市居住社区邻里关系的影响因子分析[J].山西建筑,2018,44(28): 14-15.

[18] 蔡禾,贺霞旭.城市社区异质性与社区凝聚力——以社区邻里关系为研究对象[J].中山大学学报 (社会科学版),2014,54(2):133-151.

[19] Alesina A, la Ferrara E. Participation in heterogeneous communities [J]. The quarterly journal of economics, 2000,115(3):847-904.

[20] White K J C, Guest A M. Community lost or transformed? urbanization and social ties [J]. City & community, 2003,2(3):239-259.

[21] 黎熙元,陈福平.社区论辩:转型期中国城市社区的形态转变[J].社会学研究,2008,(2):192-217+246.

[22] 仇晶.城市社区居民邻里互动实证研究—以三个社区类型为例[D].长沙:中南大学,2006.

[23] 刘宣.快速城市化下"转型社区"空间改造的障碍:广州、深圳案例[J].地理研究,2010,29(4): 693-702.

[24] 桂勇,黄荣贵.城市社区:共同体还是"互不相关的邻里"[J].华中师范大学学报(人文社会科学 版),2006(6):36-42.

[25] 赵衡宇,胡晓鸣.基于邻里社会资本重构的城市住区空间探讨[J].建筑学报,2009(8):90-93.

[26] 卡斯特.网络社会的崛起[M].夏铸九,王志弘,等译.北京:社会科学文献出版社,2001:

444－445.

[27] 李晓静.网络聊天对大学生社会交往的影响[J].新闻与传播研究,2008(2):84－89＋96.

[28] 陈世华,黄盛泉.近亲不如远邻:网络时代人际关系新范式[J].现代传播(中国传媒大学学报),2015,37(12):129－132.

[29] 吴风,谭馨语.社交动机自我呈现:弱关系主导下社群意见表达策略的实证研究[J].现代传播(中国传媒大学学报),2021,43(6):157－162.

[30] 刘砚议.微信朋友圈中的"印象管理"行为分析[J].新闻界,2015(3):58－61＋66.

[31] 张婷,吉峰.用户自我一致性对在线信息分享意愿的影响研究[J].管理现代化,2017,37(2):87－89.

[32] 曾静平,赵伽艺.微信朋友圈关系行为与文化分析[J].现代传播-中国传媒大学学报,2019,41(11):27－31.

[33] Henning C, Lieberg M. Strong Ties or weak ties?neighbourhood networks in a new perspective [J]. Scandinavian housing and planning research, 1996,13(1):3－26.

[34] Greenbaum S. Bridging ties at the neighborhood level [J]. Social networks, 1982,4(4):367－384.

[35] Hipp J R, Perrin A J. The simultaneous effect of social distance and physical distance on the formation of neighborhood ties [J]. City & community, 2009,8(1):5－25.

[36] 郑中玉.社区的想象与生产[M].北京:中国社会科学出版社,2016.

[37] Simmel G. On individuality and social forms [M]. Chicago: University of Chicago Press, 1971.

[38] 吴晓林,覃雯.走出"滕尼斯迷思":百年来西方社区概念的建构与理论证成[J].复旦学报(社会科学版),2022(1):134－147.

[39] 蔡禾,贺霞旭.城市社区异质性与社区凝聚力——以社区邻里关系为研究对象[J].中山大学学报(社会科学版),2014,54(2):133－151.

[40] 仲继寿,王莹,赵旭,等.住区心理环境健康影响因素实态调查研究[J].建筑学报,2010(3):1－6.

[41] 黄平,王晓毅.公共性的重建:社区建设的实践与思考(上)[M].北京:社会科学文献出版社,2011.

[42] 夏建中.现代西方城市社区研究的主要理论与方法[J].燕山大学学报(哲学社会科学版),2000,1(2):1－6.

[43] Leighton B, Wellman B. Networks, neighborhoods, and communities: approaches to the study of the community question [J]. Urban affairs review, 1979,14(3):363－390.

[44] 汪飞飞.社区新媒体使用与居民交往关系的研究——基于北京Y社区的调查[D].合肥:安徽大学,2019.

[45] 盖尔.交往与空间[M].何人可,译.北京:中国建筑工业出版社,2002.